A ION

BILL VIOLA

Paris, Grand Palais, Galeries nationales
5 mars – 21 juillet 2014

Sous la direction scientifique de Jérôme Neutres

Cette exposition est organisée par la Réunion des musées nationaux – Grand Palais et le Studio Bill Viola.
This exhibition has been organized by the Réunion des musées nationaux – Grand Palais and the Bill Viola Studio.

Ministère de la Culture et de la Communication

Aurélie Filippetti
Ministre de la Culture et de la Communication

Vincent Berjot
Directeur général des Patrimoines

Marie-Christine Labourdette
Directrice chargée des musées

Réunion des musées nationaux – Grand Palais

Jean-Paul Cluzel
Président

Valérie Vesque-Jeancard
Directrice générale déléguée

Laurent Salomé
Conservateur en chef du Patrimoine
Directeur scientifique

Jérôme Neutres
Conseiller du président

Marion Mangon
Chef du département des Expositions

Aude du Ché
Chef de projet

Sandra Mazière
Régisseur d'exposition

Direction de la communication et du mécénat

Pascale Sillard
Directrice

Cécile Vignot
Chef du service image, publicité et partenariats

Florence Le Moing
Chef du service presse

Yann Le Touher
Chef du service mécénat

Direction des événements et de l'exploitation du Grand Palais

Marjorie Lecointre
Directrice

Scénographie : Bobby Jablonski, directrice du studio Bill Viola, et Gaëlle Seltzer, architecte à Paris

En première de couverture
Tristan's Ascension
(The Sound of a Mountain Under a Waterfall), 2005

254-256, rue de Bercy - 75012 Paris
ISBN : 978-2-7118-6167-5
EA 10 6167

Commissariat
Curated by

Jérôme Neutres
Conseiller du président de la Réunion des musées nationaux – Grand Palais

Kira Perov
Executive Director du Studio Bill Viola

Que les prêteurs qui ont eu à cœur de participer à cette exposition trouvent ici l'expression de notre gratitude :
We hereby offer our gratitude to all the lenders who have been kind enough to participate in the present exhibition:

Bill Viola Studio

Carnegie Museum of Art, Pittsburgh

Museum of Contemporary Art San Diego, La Jolla

Collection Pinault

Blain | Southern, London

Cette exposition bénéficie du mécénat de Kusmi Tea
et de la Fondation Louis Roederer,
This exhibition is sponsored by Kusmi Tea
and the Louis Roederer Foundation,

KUSMI TEA PARIS La beauté des mélanges

FONDATION LOUIS ROEDERER GRAND MÉCÈNE DE LA CULTURE

du soutien de la Kukje Gallery, Séoul.
and is supported by the Kukje Gallery, Seoul.

Sculpter du temps

« Sculpter du temps » : telle est la définition que donne Bill Viola de son art. « Le temps est la matière première du film et de la vidéo. La mécanique peut en être des caméras, de la pellicule et des cassettes, ce que l'on travaille, c'est du temps. On crée des événements qui vont se déplier, sur une sorte de support rigide qui est incarné dans une cassette ou de la pellicule, et cela constitue l'expérience d'un déroulement. En un sens, c'est comme un rouleau, qui est une des formes les plus anciennes de communication visuelle. »[1] Un temps que Bill Viola aime faire durer, répéter, ralentir à l'extrême, comme pour en montrer toutes les lignes et les formes. Une esthétique qui se rapproche de la pratique de la méditation, qui consiste à se fixer sur un temps présent, à concentrer son regard pour aller plus loin dans la perception d'un sujet. Que vois-je ? La caméra est pour l'artiste ce second œil pour nous « réapprendre à regarder », et approcher le monde au-delà ou en deçà des apparences. Cette exposition est conçue comme un voyage introspectif en trois temps, autour des trois questions métaphysiques majeures que n'a de cesse d'interroger l'œuvre de Bill Viola depuis quarante ans. Qui suis-je ? Où suis-je ? Où vais-je ? L'enjeu de l'artiste n'est pas de répondre à ces questions, mais de nous y confronter. « Les anciens les appelaient [...] les Mystères. Ils n'appellent pas de réponses. Il n'y a pas de réponse à la vie ou à la mort. On doit en faire l'expérience, les approcher et les étudier, mais sans réponse au final. »[2] Pionnier de l'art vidéo, Bill Viola est un peintre qui a inventé une nouvelle palette de couleurs technologiques et numériques pour créer des tableaux en mouvement qui s'inscrivent dans une histoire de l'art singulière où l'on croise les plus grands maîtres, de Goya à Giotto, en passant par Jérôme Bosch. L'itinéraire de son œuvre est aussi une odyssée artistique et technologique. L'histoire de la création d'un médium, aujourd'hui omniprésent dans l'art contemporain. L'œuvre de Bill Viola a été présenté dans les plus grands musées du monde, mais c'est sa première rétrospective en France, qui est aussi la première exposition dans l'histoire des Galeries nationales dédiée à l'art vidéo. Les cinq décennies de l'œuvre sont représentées, de 1977 à 2013, tous ses genres, et toutes ses séries emblématiques. L'artiste veut créer les conditions d'une « immersion » dans l'image, symbole exprimé par la métaphore récurrente du corps plongé dans l'eau. L'ambition de cette exposition est d'inviter à plonger dans toutes les étapes et les facettes du fascinant voyage spirituel que donne à voir cet imaginaire.

Jérôme Neutres

1. « The Universe continues to be in the present tense », dans Viola, *Reasons for Knocking at an Empty House, writings 1973-1994*, Cambridge, MIT Press, 1995, p. 253 (traduction de J. Neutres).
2. Viola, *op. cit.*, p. 273 (traduction de J. Neutres).

Sculpting Time

"Sculpting time": is how Bill Viola defines his art. "Time is the basic material of film and video. The mechanics of it may be cameras, film stock, and tape, but what you are working with is time. You are creating events that are going to unfold, on some kind of rigid channel that is embodied in a strip of tape or celluloid, and that thing is coiled up as a potential experience to be unrolled. In a certain way it is like a scroll, which is one of the most ancient forms of visual communication." [1]
This time is something Bill Viola likes to extend, repeat and decelerate—as if to show us all its contours, all its forms. It is an aesthetic not unrelated to the practice of meditation, which focuses on the present moment, zeroing in on the subject in order to perceive it more precisely. What can I see? For the artist, the camera is that second eye that "re-teaches us how to see" and addresses the world beyond, or beneath, appearances. The present exhibition is devised like an introspective journey and is divided into three themes based around three metaphysical questions, Bill Viola has been wrestling with for forty years: *Who am I? Where am I? Where am I going?* In his art, Bill Viola's intention is not to answer these questions but to confront us with them. "Ancient people call them the Mysteries. These are not to be answered. There is no answer to birth or death. They are meant to be *experienced*, they can be approached and studied, but not finally answered." [2]

A pioneer of video art, Bill Viola is a painter who has invented a new palette of technological and digital color, creating pictures in motion that take their place in a singular history of art comprised of the works of the greatest masters, from Giotto to Goya, via Hieronymus Bosch.

His ongoing oeuvre also amounts to an artistic and technological odyssey: it is the story of the creation of a new medium, one now omnipresent in contemporary art.

Although Bill Viola's work has been showcased in many of the world's foremost museums, this is his first retrospective in France; it is, in addition, the very first exhibition in the entire history of the French national galleries to be devoted to video art. Five decades of output are represented, from 1977 to 2013, featuring every genre including all of his iconic series. The artist's intention is to create conditions that enable the public to "immerse" itself in the image—a symbol expressed by the recurrent metaphor of a body plunging into water.

The present exhibition invites us to dive into every stage, every facet of the fascinating spiritual journey offered by Viola's extraordinary imaginary world.

Jérôme Neutres

1. "The Universe continues to be in the present tense," in Viola, *Reasons for Knocking at an Empty House, writings 1973–1994*, Cambridge, MIT Press, 1995, p. 253.
2. Viola, *op. cit.*, p. 273.

THE REFLECTING POOL, 1977–1979
Bande vidéo en couleur, son mono.
Color video; mono sound.
7 minutes
Performeur / performer : Bill Viola

Un homme sort de la forêt et arrive devant un bassin rempli d'eau. Il saute et, soudain, le temps s'arrête. Dans cette scène presque immobile, les mouvements et les changements se limitent aux reflets et aux ondes qui se forment à la surface de l'eau. Le temps, distendu, est ponctué par une série d'événements que l'on ne voit qu'en reflet dans l'eau. Cette œuvre évoque l'émergence de l'individu dans le monde naturel, un baptême dans un univers d'images virtuelles et de perceptions indirectes.

A man emerges from the forest and stands before a pool of water. He leaps up and time suddenly stops. All movement and change in the otherwise still scene is limited to the reflections and undulations on the surface of the pond. Time becomes extended and punctuated by a series of events seen only as reflections in the water. The work describes the emergence of the individual into the natural world, a baptism into a world of virtual images and indirect perceptions.

Bill Viola

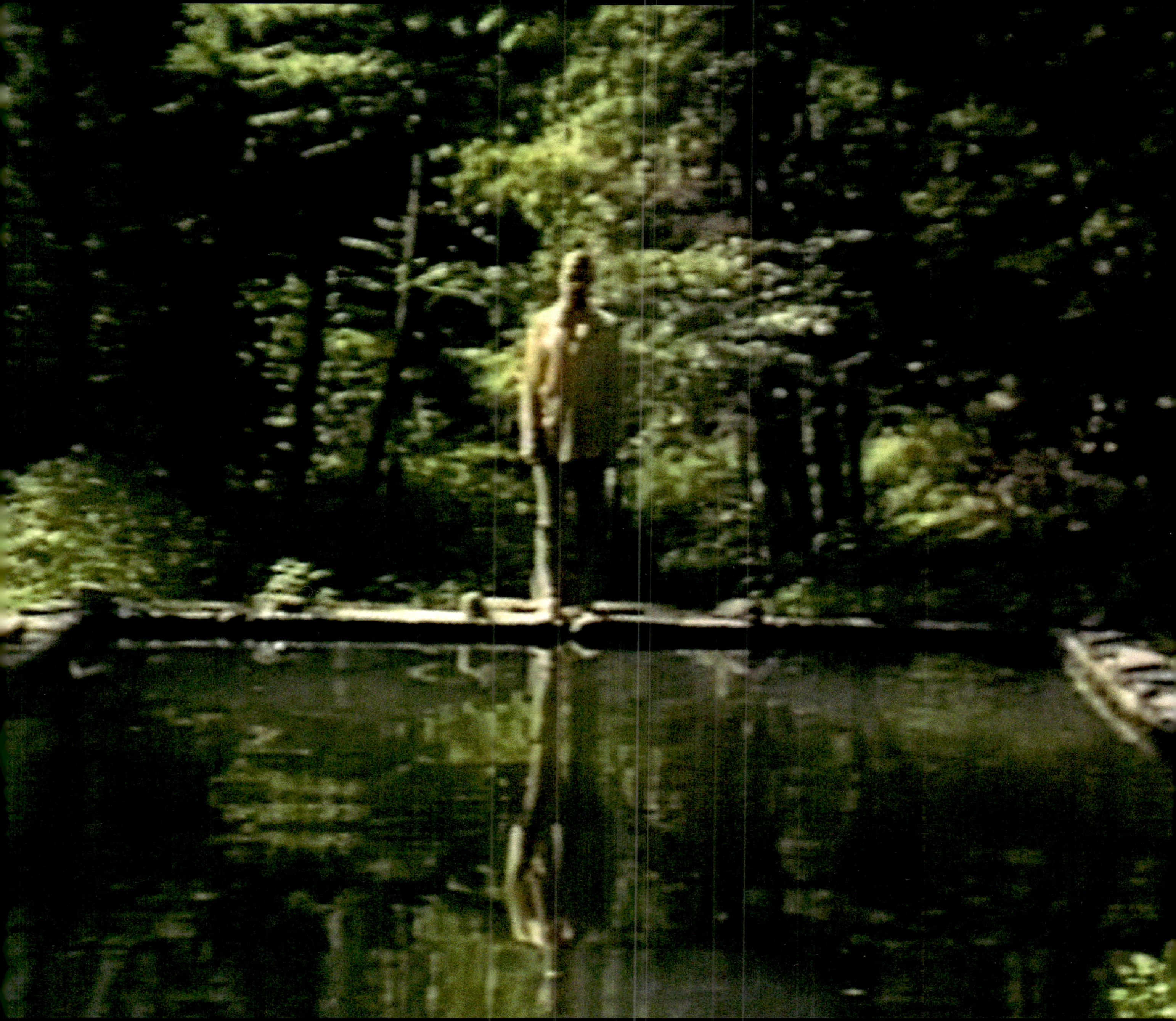

HEAVEN AND EARTH, 1992
Images vidéo en noir et blanc,
deux canaux sur moniteurs se faisant face,
fixés sur deux colonnes en bois.
Black-and-white two-channel video on facing monitors,
attached to two wooden columns.
Dimensions de la pièce / of room : 2,9 x 5,5 x 4,9 m
Vidéo en boucle / continuous loop

Un long parallélépipède en bois, telle une colonne, se dresse du sol au plafond dans une petite pièce. À hauteur d'yeux, il est interrompu par un vide de quelques dizaines de centimètres dans lequel sont fixés – face à face et sans se toucher – deux moniteurs vidéo diffusant une image en noir et blanc. L'écran du haut montre un gros plan d'une vieille femme sur le point de mourir ; celui du bas, un gros plan d'un nouveau-né âgé de quelques jours seulement. Les images sont silencieuses. Les écrans étant en verre, chacun reflète l'image de celui qui lui fait face, de la même façon que la vie et la mort se reflètent et se contiennent l'une l'autre.

In a small alcove, a wooden column extends from floor to ceiling, with a gap in the center formed by two exposed monitors facing each other two inches apart, each one showing a black-and-white video image. The upper monitor shows a close-up image of an old woman on the verge of death, and the lower monitor shows a close-up image of a new baby only days old. The images are silent. Since the surface of each monitor screen is glass, a reflected image of the screen opposite it can be seen through the surface of each image, as life and death reflect and contain each other.

Bill Viola

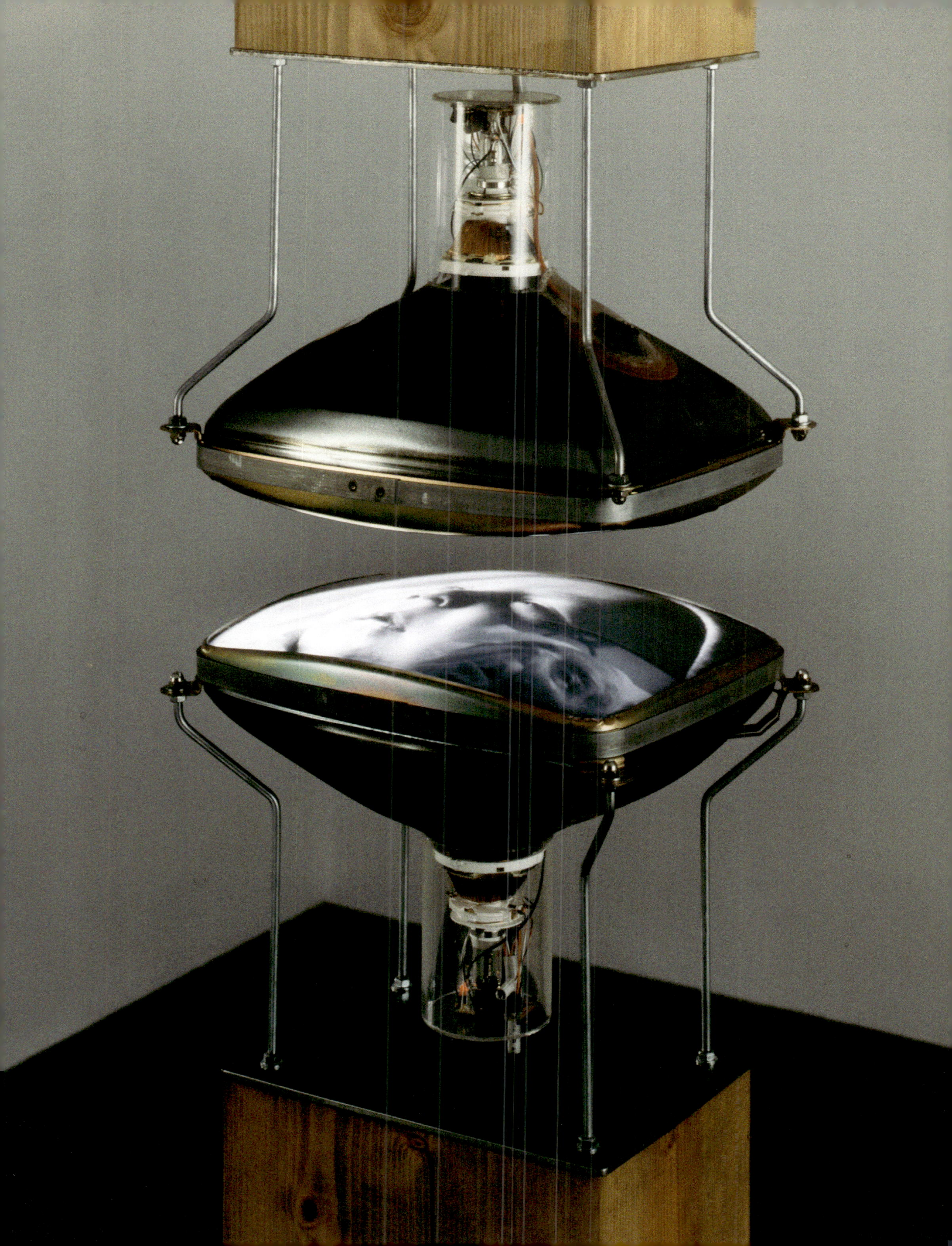

NINE ATTEMPTS TO ACHIEVE IMMORTALITY, 1996
Projection vidéo monocanal en noir et blanc
sur un écran suspendu ; son stéréo amplifié.
Black-and-white single-channel video projection
onto a suspended screen; amplified stereo sound.
Dimensions de l'écran / screen size : 50 x 69,5 cm
18 minutes 13 secondes
Performeur / performer : Bill Viola

Un homme échoue dans son vœu de vaincre la mort.

A man fails in his vow to defeat death.

Bill Viola

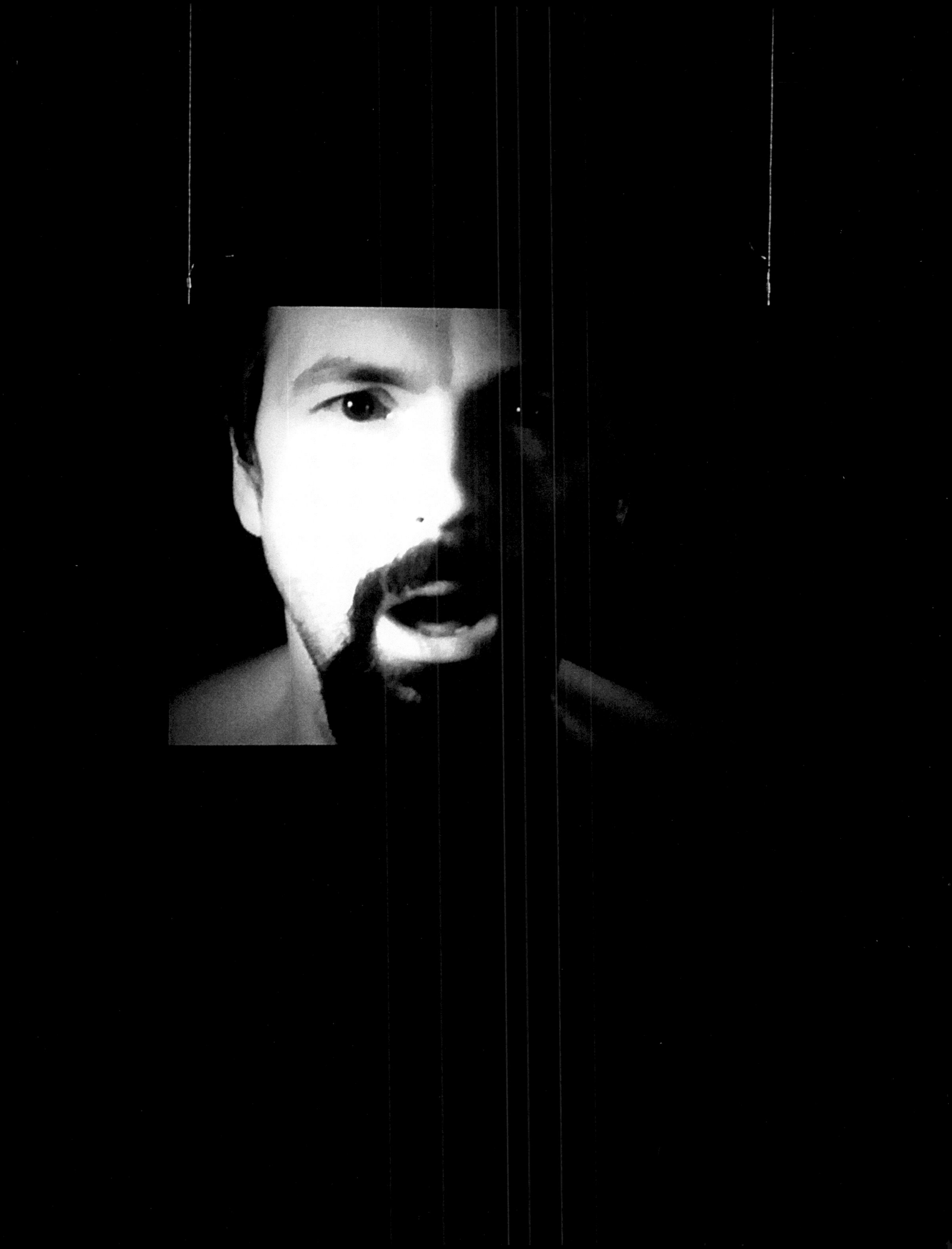

THE VEILING, 1995
Deux projections vidéo en couleur depuis
les extrémités opposées d'une grande salle obscure,
à travers neuf grands voiles suspendus au plafond ;
son mono amplifié sur deux canaux, quatre haut-parleurs.
Two channels of color video projections from opposite
sides of a large dark gallery through nine large scrims
suspended from the ceiling; two channels of amplified
mono sound, four speakers.
Dimensions de la pièce / of room : 3,5 x 9,4 x 6,7 m
30 minutes
Performeurs / performers : Gary Murphy, Lora Stone

Des voiles parallèles en tissu translucide sont accrochés sans tension au plafond, au milieu d'une salle obscure. Deux projecteurs situés face à face, à chaque extrémité de la salle, diffusent sur les voiles successifs les images d'un homme et d'une femme qui s'approchent et s'éloignent de la caméra sur fond de divers paysages nocturnes. Chacun apparaît séparément sur un des canaux et se déplace lentement, quittant l'ombre pour se rapprocher des parties éclairées. Le tissu diffusant la lumière, les images perdent en intensité et en définition à mesure qu'elles pénètrent plus avant dans les couches de voile, jusqu'à se croiser comme des présences diaphanes sur l'écran central. Enregistrées séparément, les images de l'homme et de la femme ne coexistent jamais sur la même image vidéo ; c'est seulement la lumière de leurs images respectives qui s'entremêle dans le tissu suspendu. Le cône de lumière issu des projecteurs est articulé dans l'espace par les couches de tissu ; il révèle sa présence en tant que forme tridimensionnelle qui traverse l'espace vide de la pièce et le remplit de sa masse translucide.

Thin parallel layers of translucent cloth hang loosely across the center of a dark room. Two projectors at opposite ends of the space face each other and project images into the layers of material. The images show a man and a woman as they approach and move away from the camera, viewed in various nocturnal landscapes. They each appear on separate opposing video channels, and are seen gradually moving from dark areas of shadow into areas of bright light. The cloth material diffuses the light and the images dissipate in intensity and focus as they penetrate further into the scrim layers, eventually intersecting each other as gossamer presences on the central veil. Recorded independently, the images of the man and the woman never coexist in the same video frame. It is only the light from their images that intermingles in the fabric of the hanging veils. The cone of light emerging from each projector is articulated in space by the layers of material, revealing its presence as a three-dimensional form that moves through and fills the empty space of the room with its translucent mass.

Bill Viola

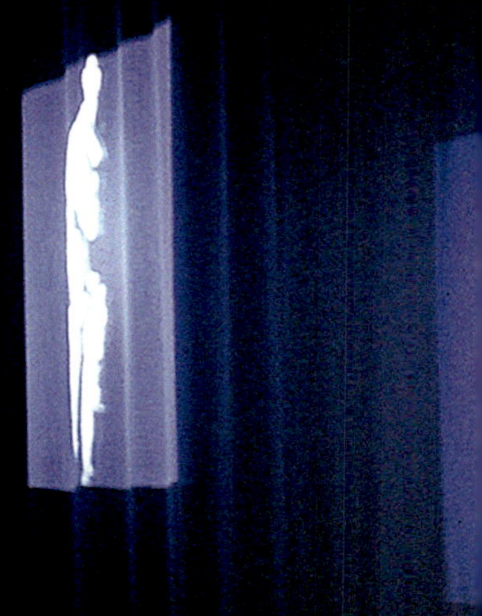

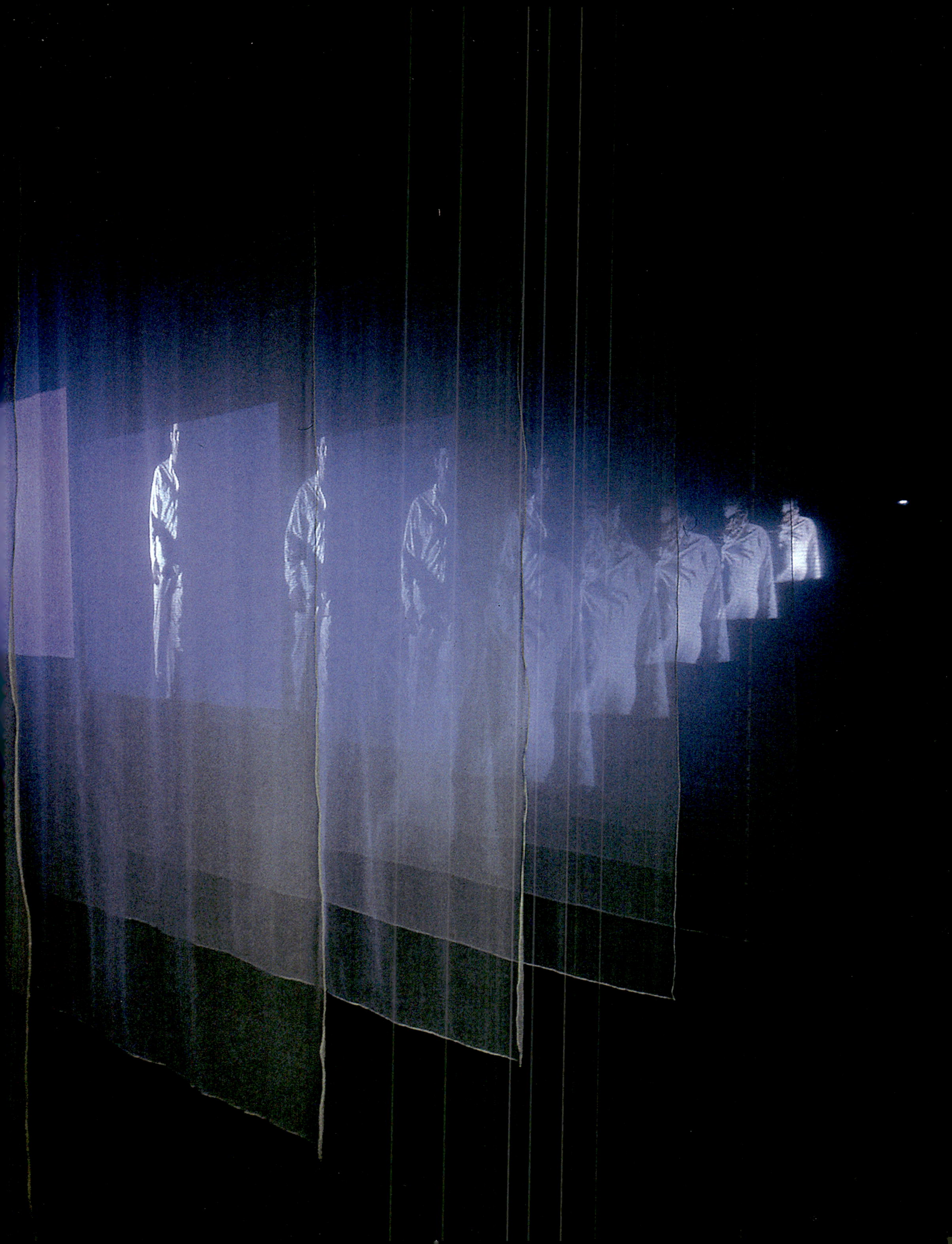

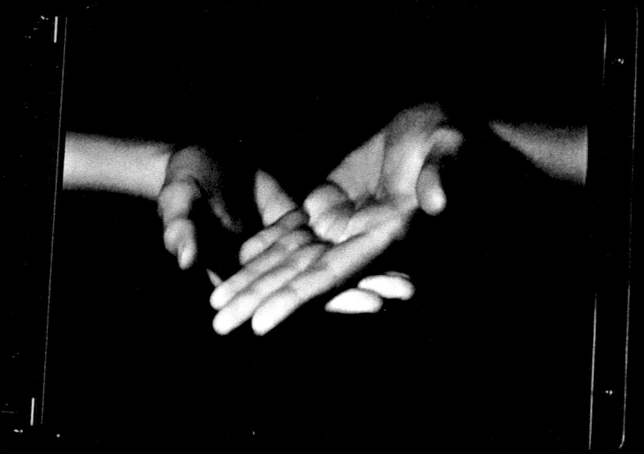

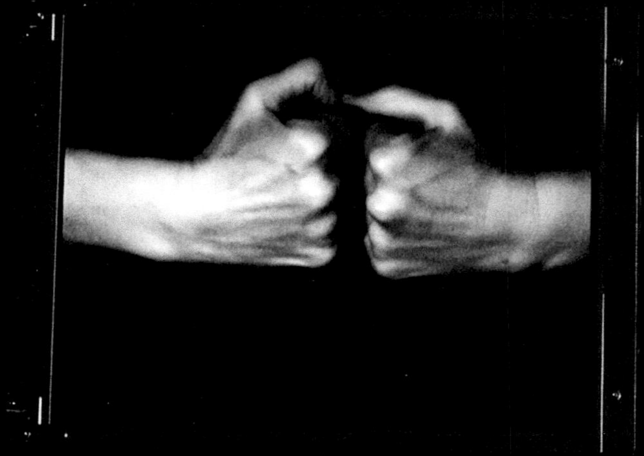

FOUR HANDS, 2001
Polyptyque vidéo en noir et blanc projeté
sur quatre petits écrans LCD plats.
Black-and-white video polyptych on four LCD panels.
22,9 x 129,5 x 20,3 cm
23 minutes
Performeurs / performers : Blake Viola, Kira Perov,
Bill Viola, Lois Stark

Quatre petits écrans plats, fixés sur un panneau noir, présentent les images animées de quatre paires de mains. Filmées en noir et blanc à l'aide d'une caméra basse lumière, ces mains – celles d'un jeune garçon, d'une femme et d'un homme dans la quarantaine, d'une femme âgée – effectuent lentement et délibérément une série de gestes prédéfinis. À la fois familiers et étranges, ces gestes sont influencés par diverses sources, des mudra bouddhiques aux ouvrages anglais du XVIIe siècle consacrés aux langages des mains. Les motifs symboliques des mouvements de ces trois générations de mains – le fils, la mère et le père, la grand-mère – décrivent une chronologie qui correspond à la fois aux actes qu'accomplissent ces individus à un même moment et aux grands cycles de la vie humaine.

Four small flat-panel display screens mounted on a wooden shelf present moving images of four pairs of hands. Shot with a black-and-white low-light camera, the hands of a young boy a middle-aged woman and man, and an elderly woman are seen as they slowly and deliberately form a series of predetermined gestures. The gestures are both familiar and strange, influenced by a variety of sources from Buddhist mudras to 17th-century English chirologia tables. The symbolic patterns of the motions of three generations of hands—son–mother–father–grandmother—describe a timeline that encompasses both the parallel actions of the individuals in the present moment and the larger movements of the stages of human life.

Bill Viola

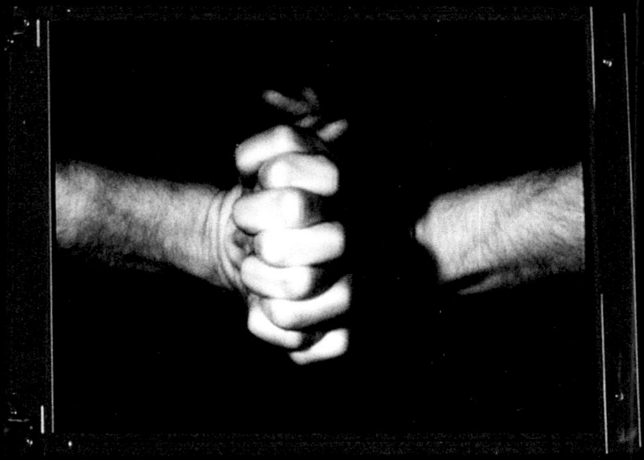

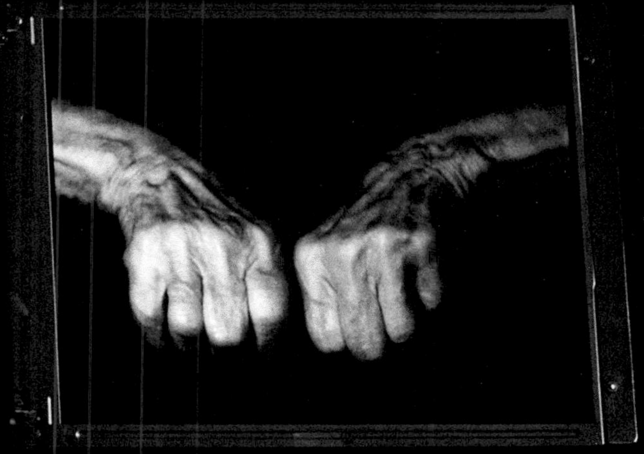

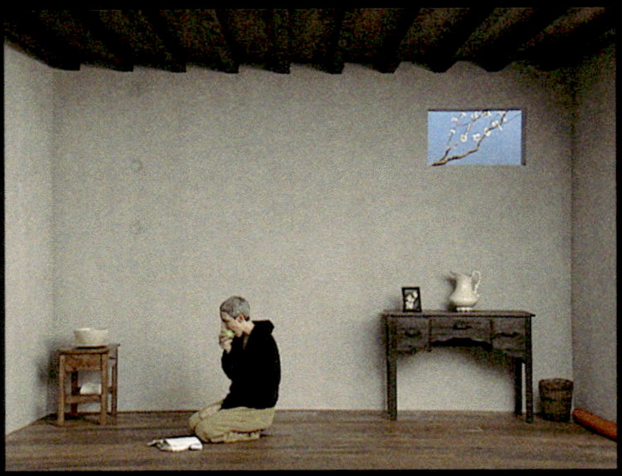
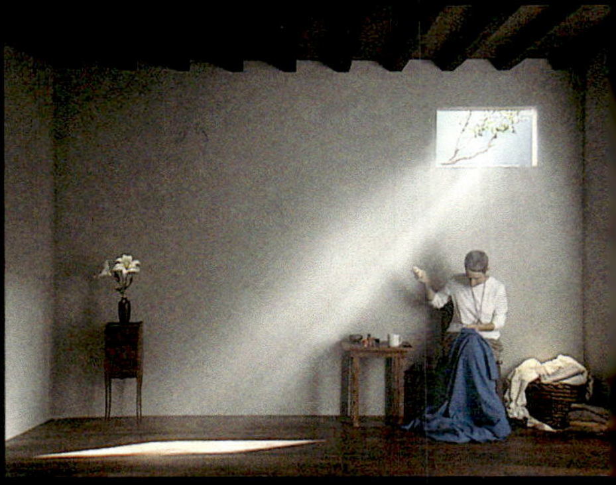

CATHERINE'S ROOM, 2001
Polyptyque vidéo en couleur projeté sur cinq écrans LCD plats fixés sur un mur.
Color video polyptych on five LCD flat panels mounted on wall.
38,1 x 246,4 x 5,7 cm
18 minutes chaque partie / each panel
Performeuse / performer : Weba Garretson

Catherine's Room est une vue intime dans la chambre d'une femme solitaire qui, du matin au soir, accomplit une série de rituels quotidiens. Les activités de cette femme, simples et utiles, s'affichent en parallèle sur cinq écrans plats disposés en une rangée horizontale. Chacun présente un moment de la journée : matin, après-midi, coucher du soleil, soirée, nuit. Le matin, la femme se prépare pour la journée en faisant des exercices de yoga. Dans l'après-midi, elle raccommode des vêtements tandis que le soleil entre à flots par la fenêtre. Quand le soir tombe, elle tente de surmonter un blocage dans son travail intellectuel d'écrivain. Dans la soirée, elle se met dans un état méditatif en allumant des séries de bougies qui éclairent la pièce. Enfin, la nuit, elle se prépare à aller se coucher ; elle éteint la lumière, ôte ses vêtements et s'endort bientôt, seule dans sa chambre, dans le noir complet.

Une petite fenêtre dans le mur offre un aperçu sur le monde extérieur et laisse voir les branches d'un arbre qui, sur chaque écran, suit les étapes successives de son cycle annuel, depuis les fleurs qui éclosent au printemps jusqu'aux branches qui se dénudent en hiver. Cette vue sur le monde extérieur révèle une autre dimension de l'écoulement du temps, car l'enregistrement des scènes d'une journée se transforme dès lors en une vision plus vaste, celle d'une vie liée aux cycles de la nature.

Catherine's Room is a private view into the room of a solitary woman who goes about a series of daily rituals from morning until night. The woman's actions are simple and purposeful, and appear simultaneously in parallel across five flat-panel screens arranged in a horizontal row. Each panel represents a different time of day–morning, afternoon, sunset, evening and night. In the morning she is seen preparing for the new day by doing yoga exercises. In the afternoon she mends clothes as sunlight pours in through the window. At sunset, she struggles to overcome a block with her intellectual work as a writer. In the evening she enters a reflective state by lighting rows of candles to illuminate her darkened room. Finally, at night she prepares for bed: she puts out the lights, removes her clothes, and slowly drifts of to sleep, alone in the still dark room.

A small window in the wall reveals a view of the outside world where the branches of a tree are visible. In each panel the tree is seen in successive stages of its annual cycle, from spring blossoms to bare branches. The world outside the window reveals another layer of time, transforming the scene from a record of one day into the larger view of a life bound to the cycles of nature.

Bill Viola

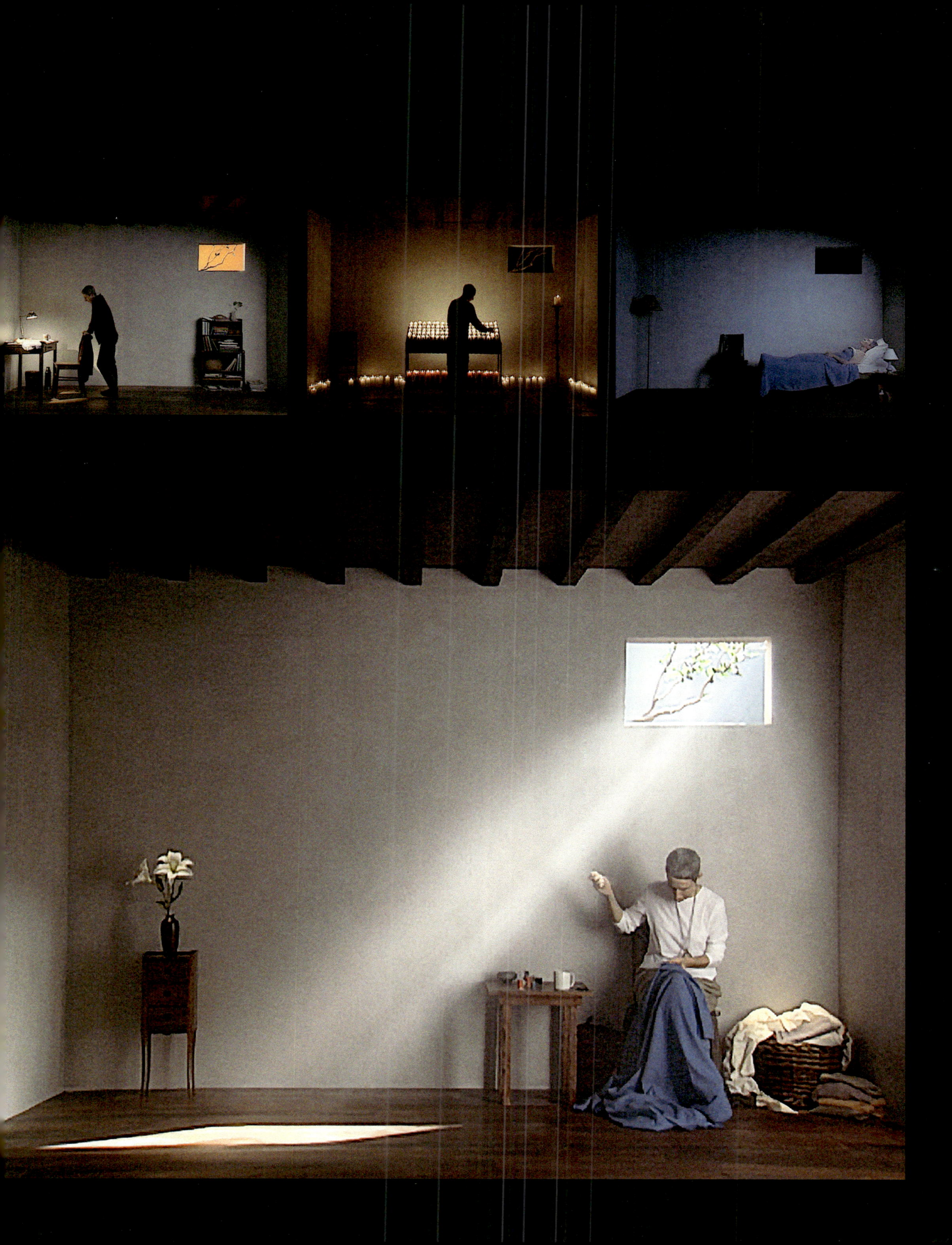

SURRENDER, 2001

Diptyque vidéo en couleur projeté sur deux écrans plasma plats fixés verticalement l'un au-dessus de l'autre, mais décalés, sur le mur.
Video diptych composed of two plasma displays mounted on the wall one above the other.
204,2 x 61 x 8,9 cm ; 18 minutes
Performeurs / performers : John Fleck, Weba Garretson

Un homme et une femme apparaissent séparément sur chaque écran, alternant entre celui du haut et celui du bas à chaque reprise du cycle. Les figures sont coupées à mi-corps, et l'image de l'écran inférieur, à l'envers, donne l'impression d'être le reflet en miroir de celle de l'écran supérieur.

L'homme et la femme effectuent trois prosternations synchronisées, de plus en plus intenses en émotion et de plus en plus longues. Au début, les deux personnages semblent se rapprocher physiquement l'un de l'autre, comme pour s'étreindre ou s'embrasser, mais on voit bientôt apparaître, sur le bord inférieur de l'écran, une surface aquatique dans laquelle ils vont pénétrer physiquement la tête la première. Quand ils ressortent, leur tristesse et leur angoisse semblent augmenter avec les perturbations qu'ils ont provoquées à la surface de l'eau. Lorsque l'image commence elle-même à se disloquer en formes vacillantes et ondoyantes, il devient évident que nous ne regardions pas l'image réelle de l'homme et de la femme, mais leur reflet à la surface de l'eau. Cette « image d'une image » devient plus violente et se déforme un peu plus chaque fois que les personnages s'enfoncent dans l'eau, jusqu'à atteindre un pic émotionnel et physique extrême qui provoque la désintégration des formes visuelles en motifs abstraits de pure lumière et de couleurs.

The image of a man and a woman appear separately on each panel, and their positions alternate from upper to lower screen with each repetition of the playback cycle. The figures are viewed cut off at the waist, with the figure on the lower screen being shown upside-down, suggesting a mirror reflection of the upper image.

The man and woman perform three synchronized prostrations of increasing emotional intensity and duration. At first, this appears to bring them physically closer to each other as if to embrace or kiss. However, their actions reveal the presence of a water surface below, at the edge of the screen, and they physically penetrate this surface face first. As they emerge, their sorrow and anguish appear to increase along with the undulating disturbances on the surface of the water that they have caused. When the images of their bodies themselves begin to break up into rippling wavering forms, it becomes apparent that we have been looking at their reflections on the surface of water all along, not the actual bodies. This "image of an image" becomes more violent and distorted each time they enter the water, until finally their extreme emotional and physical intensity peaks and their visual forms disintegrate into abstract patterns of pure light and color.

Bill Viola

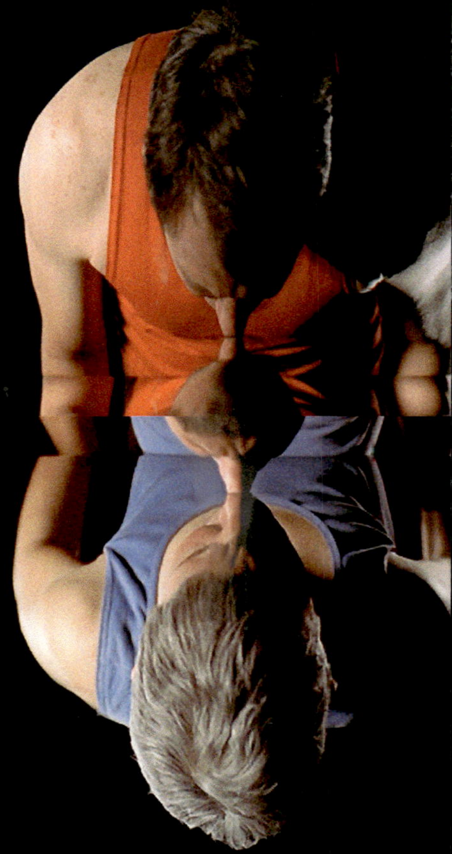

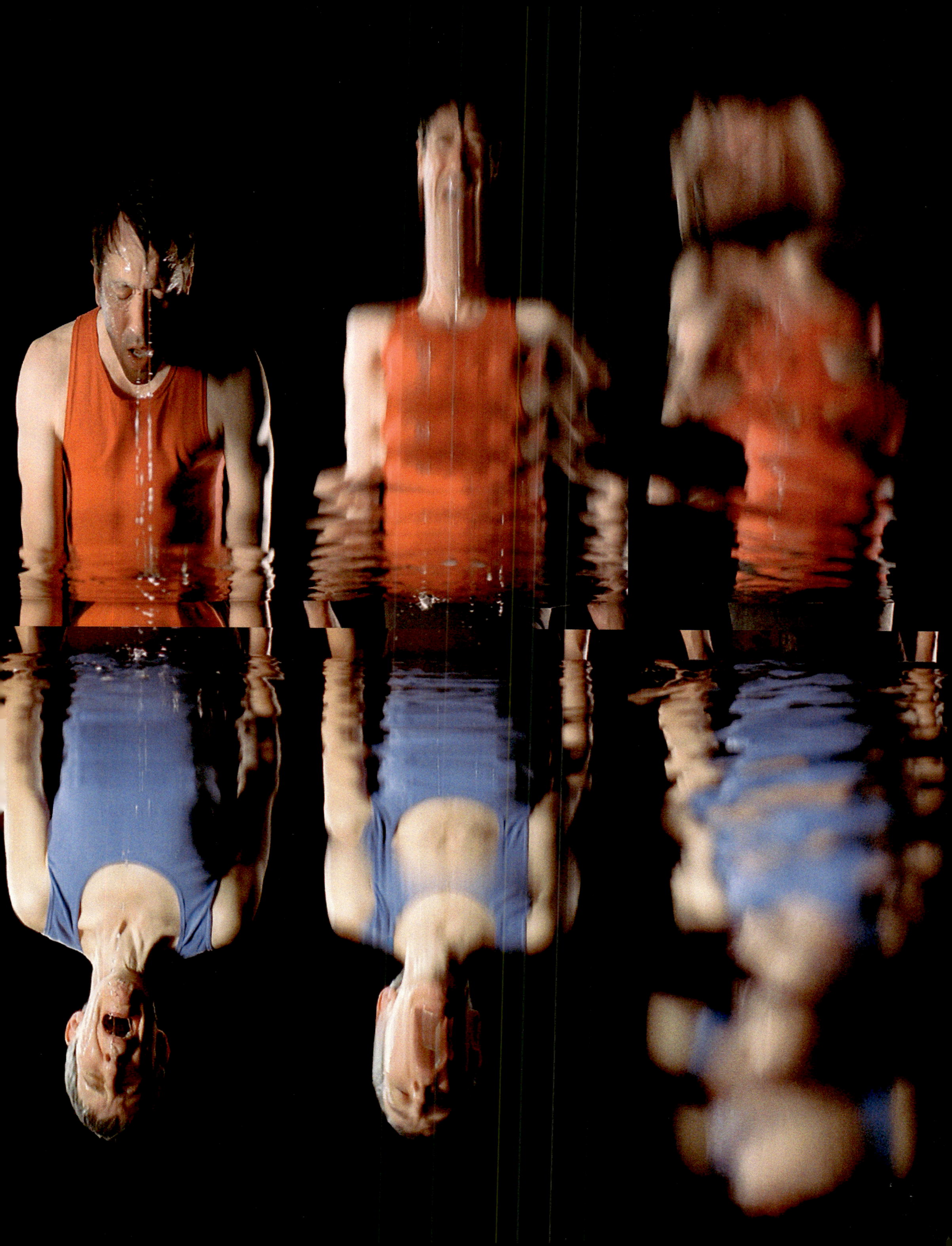

THE QUINTET OF THE ASTONISHED, 2000

Rétroprojection vidéo en couleur sur un écran mural dans une salle obscure.
Color video rear projection on wall-mounted screen in dark room.
Dimensions de l'image projetée / projected image size : 140 x 240 cm
15 minutes 20 secondes
Performeurs / performers : John Malpede, Weba Garretson, Tom Fitzpatrick, John Fleck, Dan Gerrity

Cinq personnes debout, serrées les unes contre les autres, sont traversées par une vague d'émotions intenses qui menace de les submerger. Au début de la séquence, l'expression de leur visage est neutre, mais, peu à peu, l'émotion s'individualise et, s'intensifiant jusqu'à l'extrême, finit par gagner l'ensemble du groupe. Au bout de quelques minutes, elle retombe, laissant chacun vidé et épuisé.

Chaque personne éprouve la montée de l'énergie émotionnelle de façon indépendante, sans avoir véritablement conscience de ce que vivent les autres ni entrer en interaction directe avec eux en dehors de contacts occasionnels du fait de leur proximité physique. Le groupe est présenté sur un fond neutre, sans évocation du monde extérieur. Personne ne quitte sa position initiale ni ne sort du champ. Le ralenti extrême laisse voir les moindres détails et les nuances subtiles des expressions individuelles, créant un espace subjectif, psychologique, où le temps est aboli pour les acteurs comme pour les spectateurs.

A group of five people are seen standing close together as they undergo a wave of intense emotion that threatens to overwhelm them. As the sequence begins, we see them in neutral expression, and continue to observe as the emotion, individualized to each person, comes on for the whole group and builds to an extreme level. After some minutes it finally subsides, leaving each person drained and exhausted.

The five individuals experience the rising emotional energy independently, with little acknowledgement or direct interaction with their companions, other than occasional physical contact due to their close proximity. The group is presented against a neutral background with no suggestion of the outside world. They do not move from their original positions and no one leaves the frame. The extreme slow motion makes visible the smallest of details and subtle nuances of expression, and creates a subjective, psychological space where time is suspended for both performers and viewers alike.

Bill Viola

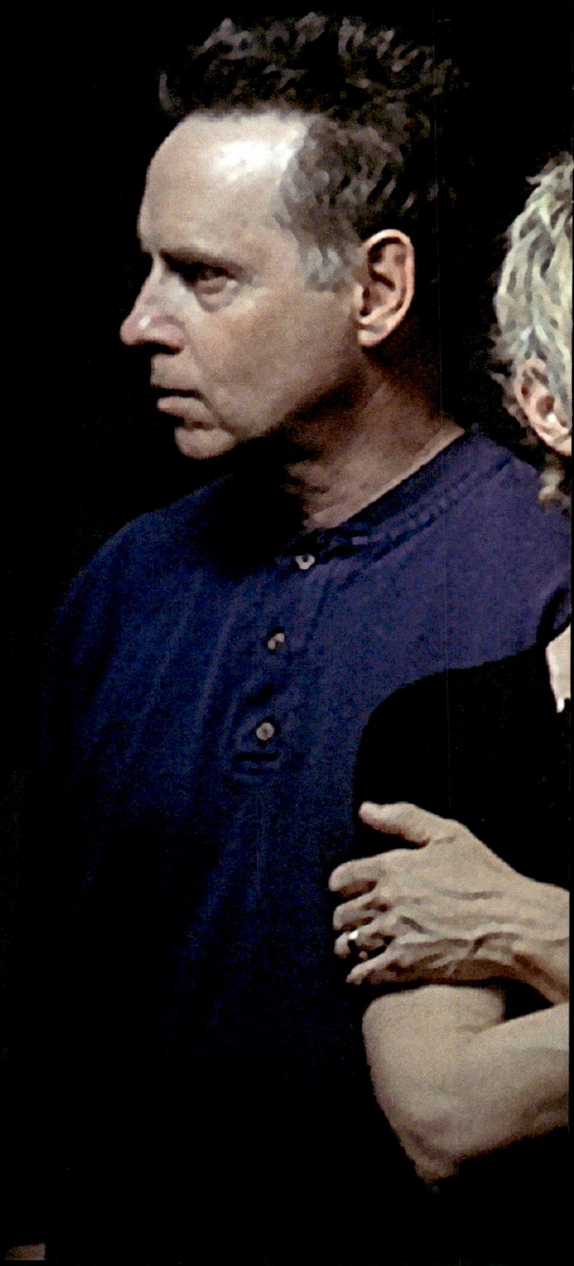

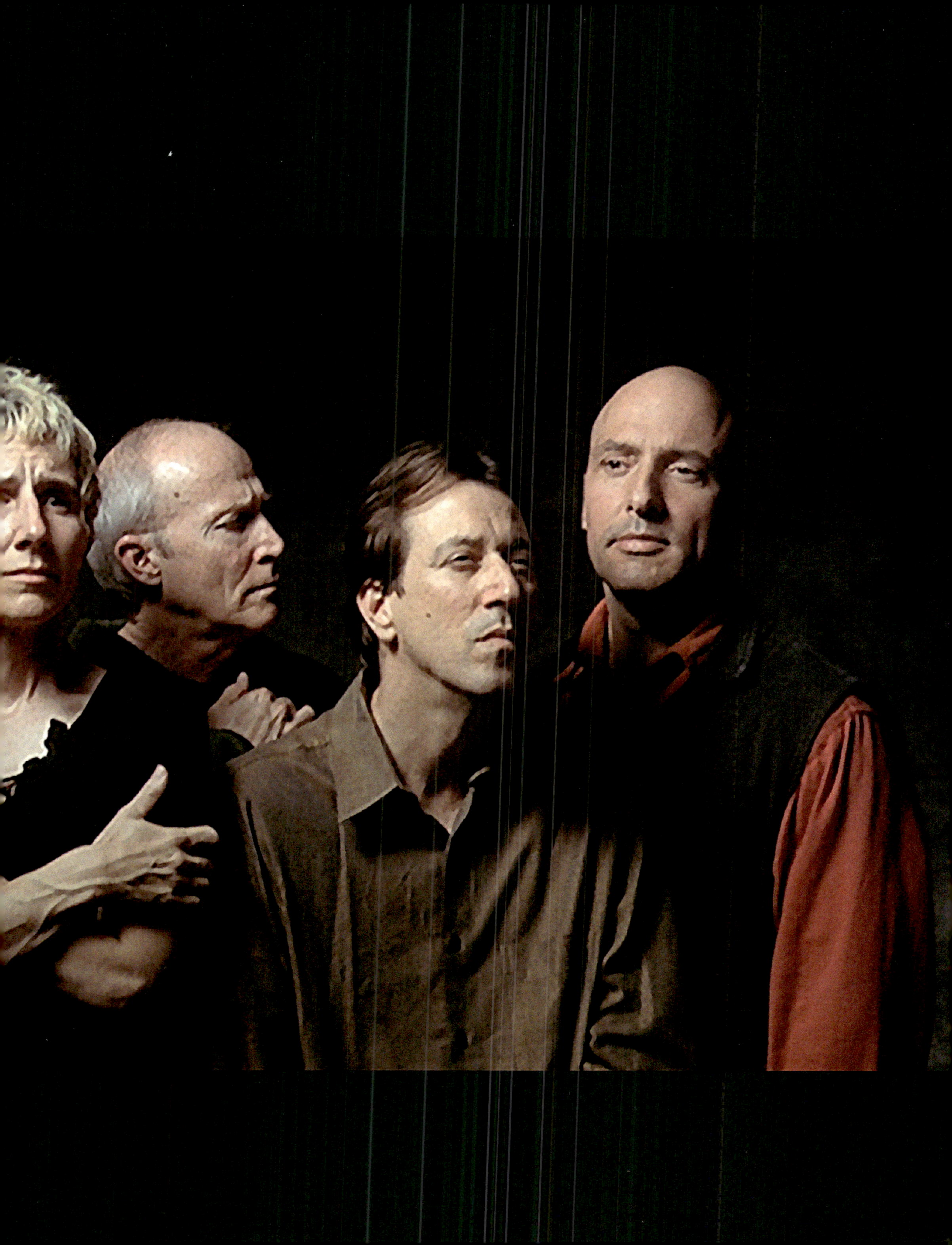

THE SLEEP OF REASON, 1988
Installation audio/vidéo
Images vidéo en couleur projetées sur trois murs dans une pièce au sol recouvert de moquette, buffet en bois sur lequel sont posés un vase contenant des roses blanches artificielles, une lampe à abat-jour noir, une horloge numérique et un moniteur montrant une image en noir et blanc ; lumières de la pièce et projections contrôlées par minuterie aléatoire ; son stéréo amplifié et canal audio provenant du moniteur.
Video/sound installation
Color video images projected on three walls of a carpeted room, wooden chest with black-and-white video image on small monitor, vase with white artificial roses, table and lamp with black shade, digital clock; monitor, room lights, and projections controlled by random timer; amplified stereo sound and one channel of audio from monitor.
Dimensions de la pièce / of room : 4,3 x 9,4 x 8,2 m
Vidéo en boucle / continuous loop

Sur un buffet en bois placé dans une grande pièce vide, un moniteur montre une vue en noir et blanc, en gros plan, d'une personne endormie. On entend vaguement les sons émis par le dormeur durant la nuit. Un vase de roses blanches, une petite lampe, une horloge numérique sont également posés sur le buffet. Le sol est recouvert de moquette et l'espace est éclairé. Soudain, les lumières s'éteignent et la pièce est plongée dans l'obscurité totale. On voit alors de grandes images en mouvement et en couleur couvrir subitement trois des murs, et tout l'espace se remplit d'un bruit fort et inquiétant de gémissements et de hurlements. Tout aussi soudainement, les images disparaissent, les lumières se rallument et la pièce redevient normale. C'est comme si l'on avait assisté, l'espace d'un instant, au surgissement d'un monde parallèle : la face obscure de notre environnement familier.

Les ruptures se produisent à des moments aléatoires, telles des « crises imprévisibles de l'image » dans une pièce atteinte de troubles schizophréniques incurables. Elles ne durent que quelques secondes, mais peuvent se reproduire à n'importe quel moment : il est impossible de savoir si ce sera dans moins d'une seconde ou dans quelques minutes. Les images projetées sur les trois murs proviennent d'une même bande vidéo. Elles représentent, entre autres, des incendies qui ravagent les bâtiments d'une ville, des chiens féroces qui s'attaquent brusquement à la caméra, des mouvements incontrôlés dans une forêt la nuit, des radiographies en mouvement d'hommes et d'animaux, et un hibou dérangé qui s'envole vers une lumière vive.

On a wooden chest in a large empty room, a black-and-white monitor shows a close-up view of a person sleeping. The sleeper's night sounds are heard softly. A vase with white roses, a small lamp, and a digital clock are also on the chest top. The floor of the room is carpeted and the space illuminated. Suddenly, the lights cut out and the room is plunged into total darkness. Large color moving images are seen covering three of the walls and a loud disturbing sound of moaning and roaring fills the space. Just as suddenly, the images vanish, the lights come back on, and the room returns to normal. It is as if a momentary glimpse of another, parallel world has appeared, the dark underside of a familiar well-lit environment.

The blackouts occur at random periods, behaving like unpredictable "image seizures" from some incurable schizophrenic affliction of the room. Present for only a few seconds, they can reoccur anywhere from less than one second to several minutes later, impossible to anticipate. The three projections of imagery on the walls are from a single videotape. Images include fires burning out of control through city buildings, fierce attack dogs lunging at the camera, wild movement through a forest at night, moving X-rays of human beings and animals, and a provoked owl flying into a bright light.

Bill Viola

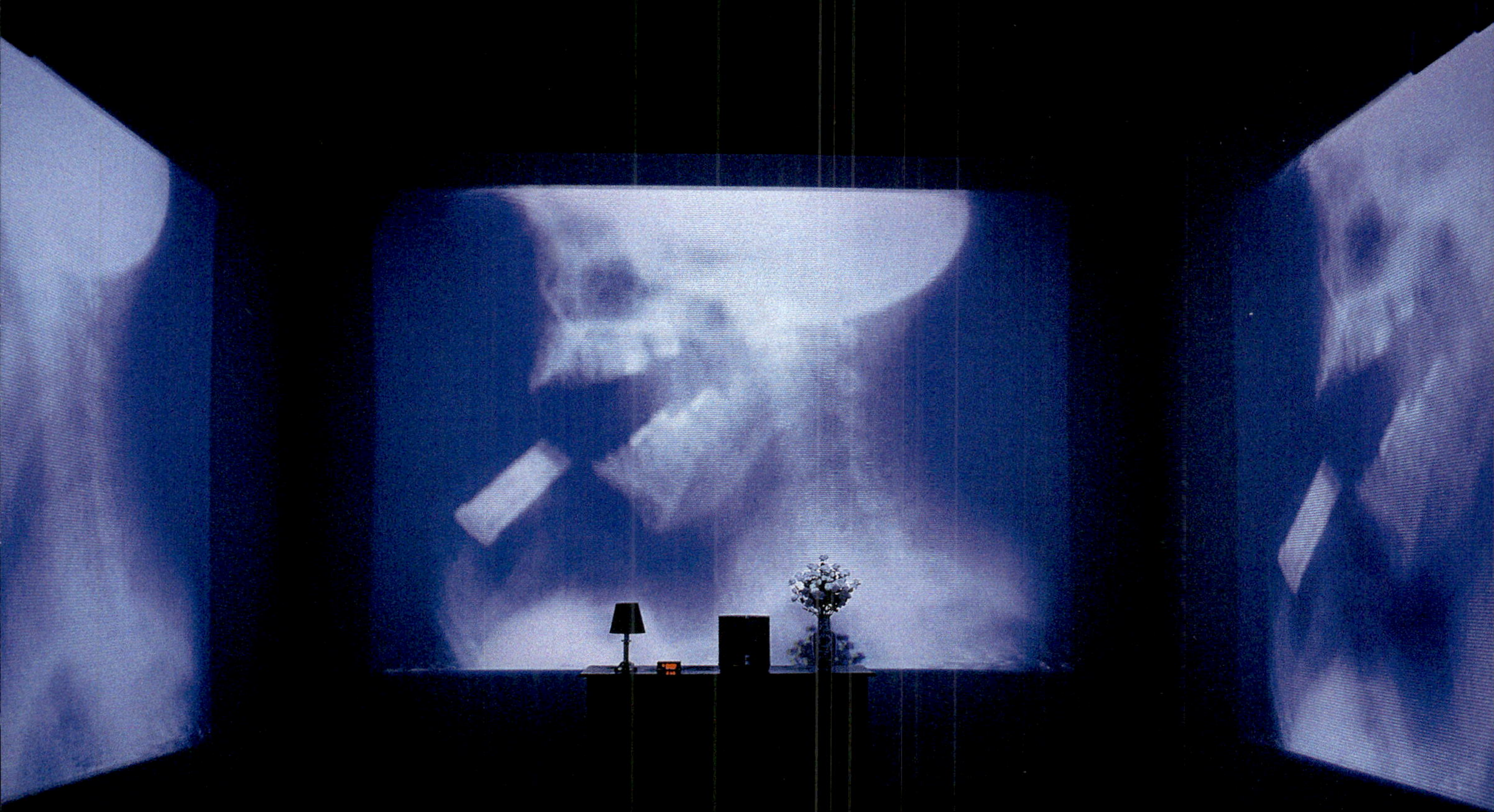

CHOTT EL-DJERID
(A PORTRAIT IN LIGHT AND HEAT), 1979
Bande vidéo en couleur, son mono.
Videotape, color video, mono sound.
28 minutes

Chott el-Djerid est le nom d'un grand lac salé asséché dans le Sahara tunisien, où des mirages se produisent souvent sous le soleil de midi, car la chaleur intense du désert manipule, tord et déforme les rayons lumineux de telle sorte que l'on voit des choses qui n'existent pas. Des arbres et des dunes de sable flottent au-dessus du sol, les contours des montagnes et des bâtiments ondulent et vibrent, les couleurs et les formes se fondent en une même danse chatoyante. Les mirages des déserts sont mis en regard d'images hivernales lugubres de la prairie dans l'Illinois et dans le Saskatchewan, dont certaines représentent une tempête de neige. Ces conditions climatiques extrêmes, tellement opposées, engendrent une même impression d'incertitude, d'égarement et d'étrangeté.

Grâce à des téléobjectifs spéciaux adaptés à la vidéo, la caméra cherche à dépasser les frontières ultimes de l'image, le moment où la désintégration des conditions habituelles ou l'absence d'informations visuelles nous contraint à réévaluer notre perception de la réalité et à prendre conscience que nous regardons quelque chose qui se situe hors de l'ordinaire, un lieu où la réalité physique devient psychologique. Si l'on croit que les hallucinations sont la manifestation d'un déséquilibre chimique ou biologique dans le cerveau, alors les mirages et les distorsions que provoque la chaleur dans le désert peuvent être considérés comme des hallucinations du paysage. C'est un peu comme si l'on se retrouve physiquement dans le rêve de quelqu'un d'autre.

Chott el-Djerid is the name of a vast, dry salt lake in the Tunisian Sahara Desert, where mirages are most likely to form in the midday sun. Here the intense desert heat manipulates, bends, and distorts the light rays to such an extent that you actually see things that are not there. Trees and sand dunes float off the ground, the edges of mountains and buildings ripple and vibrate, color and form blend into one shimmering dance. The desert mirages are set against images of the bleak winter prairies of Illinois and Saskatchewan, Canada, some of them recorded in a snowstorm. The opposite climactic conditions induce a similar aura of uncertainty, disorientation, and unfamiliarity.

Through special telephoto lenses adapted for video, the camera confronts the final barrier of the limits of the image, the point when the breakdown of normal conditions, or the lack of visual information, causes us to reevaluate our perceptions of reality and realize that we are looking at something out of the ordinary—a transformation of the physical into the psychological. If one believes that hallucinations are the manifestation of some chemical or biological imbalance in the brain, then mirages and desert heat distortions can be considered hallucinations of the landscape. It was like physically being inside someone else's dream.

Bill Viola

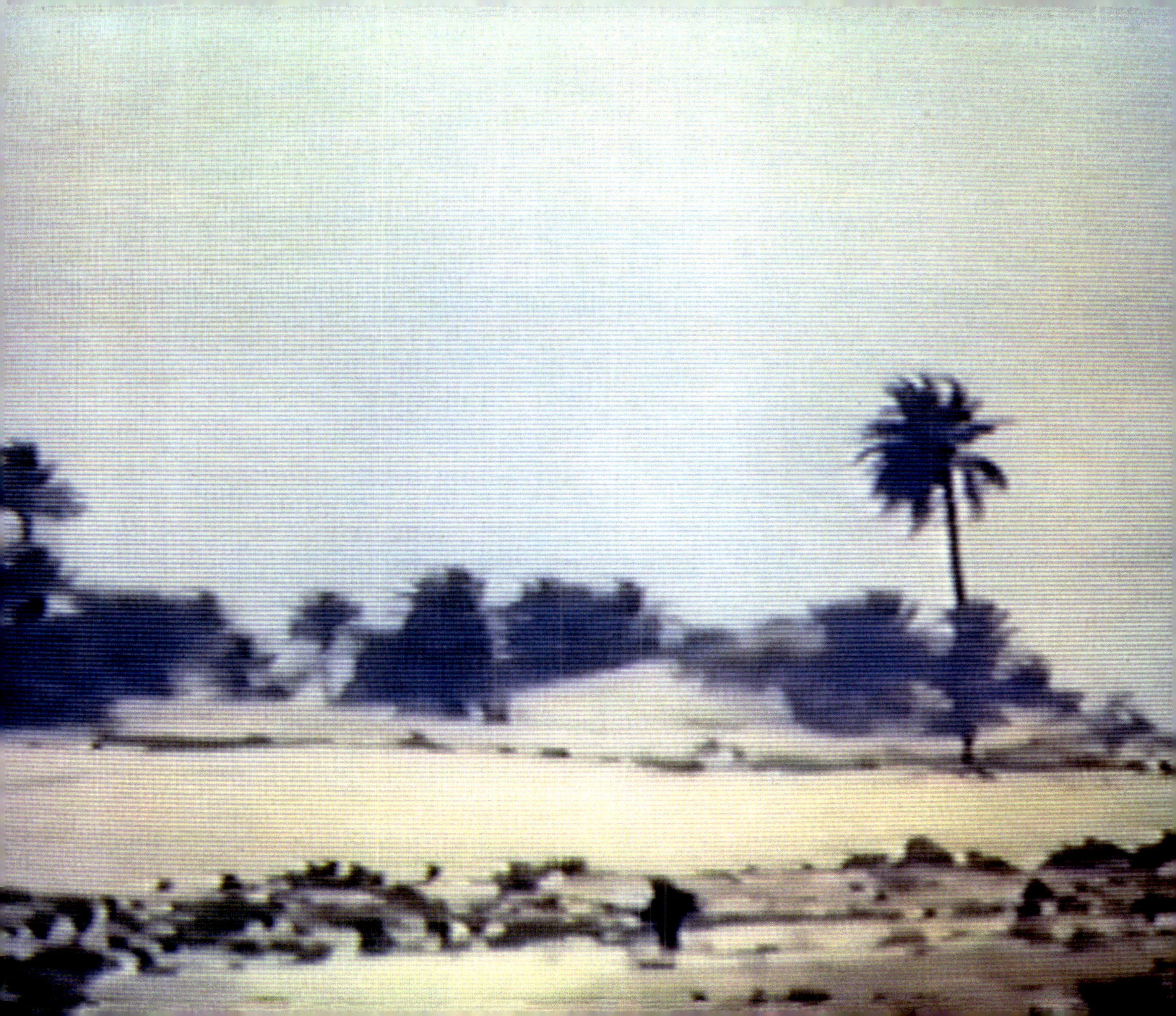

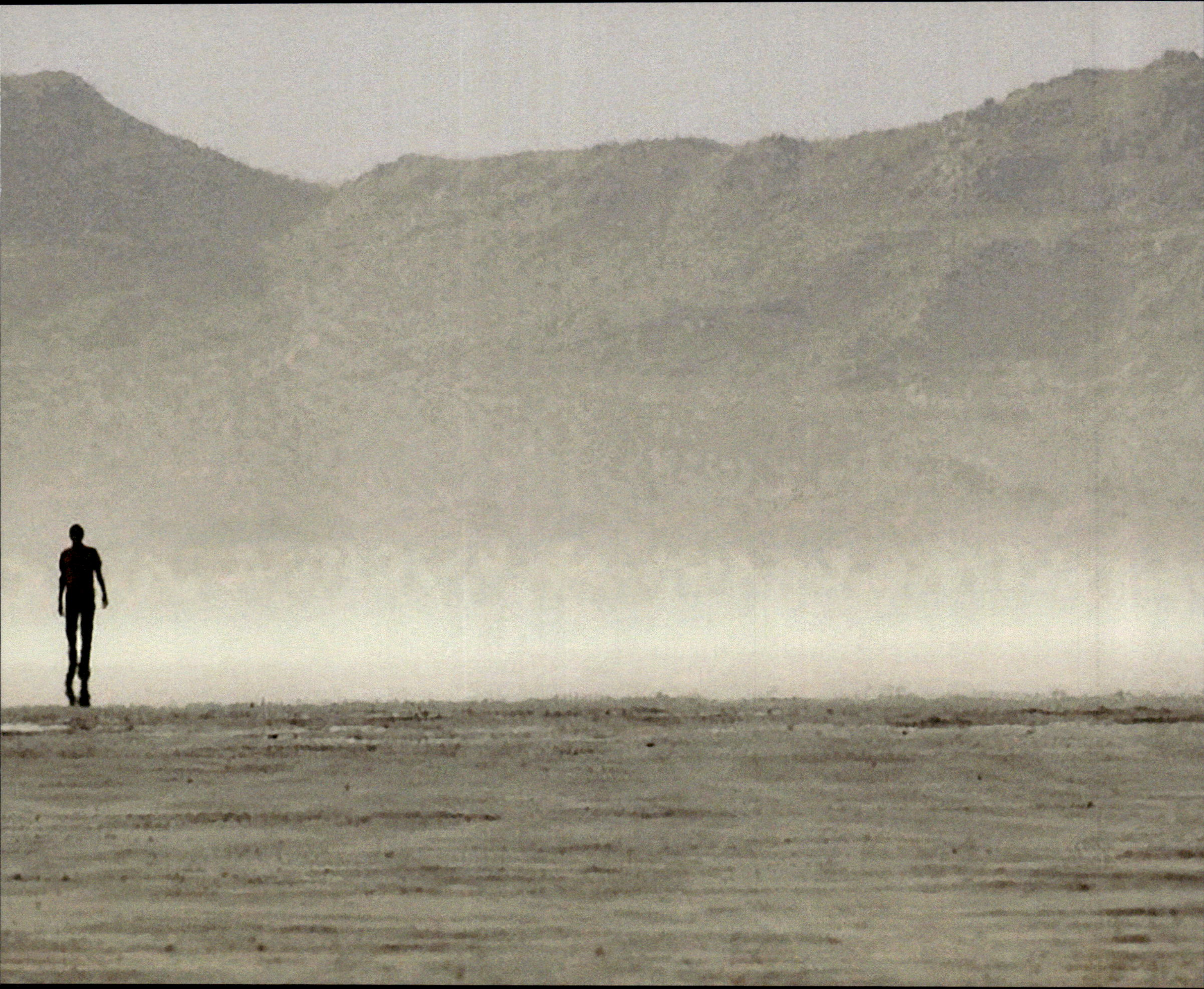

WALKING ON THE EDGE, 2012
Vidéo haute définition en couleur projetée sur un écran plasma fixé sur un mur.
Color high-definition video on wall-mounted plasma display.
Dimensions de l'écran / of screen : 92,5 x 155,5 x 12,7 cm
12 minutes 33 secondes
Performeurs / performers : Kwesi Dei, Darrow Igus

Cette œuvre représente l'inévitable séparation d'un père et d'un fils au moment où leurs vies s'engagent dans des voies différentes.

Deux hommes arrivent dans le désert sous un ciel tourmenté. Ils surgissent à chaque extrémité du champ de l'image et marchent vers nous selon une trajectoire qui les rapproche l'un de l'autre, jusqu'à ce qu'ils se trouvent côte à côte. Finalement, leurs chemins se croisent et commencent à se séparer. L'écart s'élargit jusqu'à ce que les deux hommes ressortent du champ de chaque côté de l'image.

This work represents the inevitable separation of father and son as they take separate paths in their life's journey.

Two men arrive in the desert under a turbulent sky. They appear at the far extremes of the frame and walk toward us on a trajectory that takes them closer to each other, until they are walking side by side. Eventually they cross paths and begin to separate. The gap between them widens until they leave the outer edges of the frame.

Bill Viola

THE ENCOUNTER, 2012
Vidéo haute définition en couleur projetée sur un écran plasma fixé sur un mur.
Color high-definition video on wall-mounted plasma display.
Dimensions de l'écran / of screen : 92,5 x 155,5 x 12,7 cm
19 minutes 19 secondes
Performeuses / performers : Genevieve Anderson, Joan Chodorow

Deux femmes suivent des itinéraires différents à des moments opposés de leur vie. À l'intersection de leurs parcours, lors d'une brève rencontre, les liens de la vie se renforcent et la femme âgée transmet tranquillement à la jeune fille le mystère qui contient la connaissance.

Two women are taking separate journeys at opposite ends of their lives. At the intersection of their meeting, during a brief encounter, life bonds are strengthened and the mystery containing the knowledge is quietly passed on from the elder to the younger.

Bill Viola

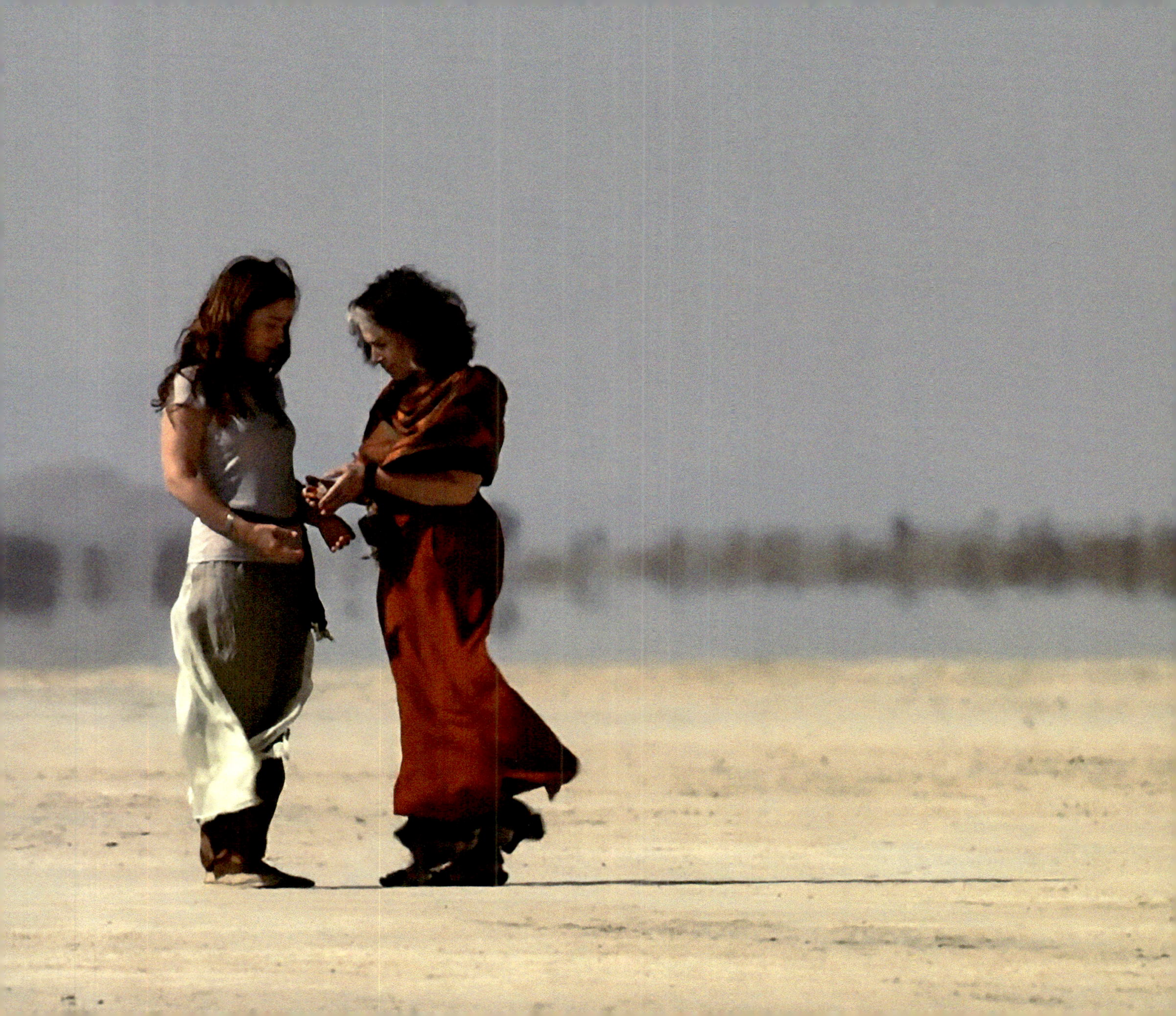

GOING FORTH BY DAY, 2002
Cycle d'images projetées en cinq parties.
Installation sur cinq canaux vidéo haute définition
en couleur, son stéréo.
A projected image-cycle in five parts
Five-channel color high-definition video and stereo sound
installation.
Dimensions de la pièce / of room : 5,20 x 19,50 x 8,15 m
35 minutes chaque partie / each panel
Performeurs / performers : Melina Bielefelt, Ernie Charles,
Hector Contraras, John Fleck, Weba Garretson, Dan Gerrity,
Butch Hammett, John Hay, Willie Jackson, Valerie Spencer,
Lois Stark, Richard Stobie, Michael Eric Strickland

Fire Birth
The Path
The Deluge
The Voyage
First Light

Going Forth By Day, cycle d'images numériques en cinq parties, explore les thèmes de l'existence humaine : l'individualité, la société, la mort, la renaissance. L'œuvre prend une dimension architecturale, les cinq séquences étant projetées simultanément dans une même grande salle. Pour pénétrer dans l'espace, le visiteur doit entrer au sens propre dans la lumière de la première image. À l'intérieur, il se retrouve au centre d'un univers sonore et visuel avec des projections sur tous les murs. L'histoire que raconte chaque séquence s'inscrit dans le cycle narratif plus large de la salle. Les spectateurs sont libres de s'y déplacer pour regarder chaque projection individuellement ou, au contraire, prendre du recul et vivre l'œuvre dans sa totalité.

Les cinq séquences visuelles, qui durent environ trente-cinq minutes chacune, sont projetées en boucle de façon synchronisée. Les sons de chaque séquence se mélangent librement dans l'espace pour créer une ambiance acoustique globale. Les images sont projetées directement sur les murs – sans écran ni support encadré – à la façon des fresques de la Renaissance italienne, peintes directement sur les enduits de chaux. Le titre de l'œuvre est la traduction littérale du titre original du *Livre des Morts des anciens Égyptiens* : *Livre pour sortir au jour*, – guide pour l'âme qui, une fois libérée des ténèbres du corps, pouvait enfin « sortir à la lumière du jour ».

Going Forth By Day is a five-part projected digital-image cycle that explores themes of human existence: individuality, society, death, rebirth. The work is experienced architecturally, with all five image sequences playing simultaneously in one large gallery. To enter the space, visitors must literally step into the light of the first image. Once inside, they stand at the center of an image-sound world with projections on every wall. The story told by each panel is embedded within the larger narrative cycle of the room. Viewers are free to move around the space to watch each image panel individually or to stand back and experience the piece as a whole.

The five image sequences are each approximately thirty minutes in length and play in synchronization on a continuous loop. Sound from each panel mixes freely in the space, creating an overall acoustic ambience. The images are projected directly onto the walls—without screens or framed supports—as in Italian Renaissance frescoes, where the paint was applied directly into the plaster surface of the walls. The title of the work derives from a literal translation of the title of the Egyptian Book of the Dead, "The Book of Going Forth by Day"—a guide for the soul once it is freed from the darkness of the body to finally "go forth by the light of day."

Bill Viola

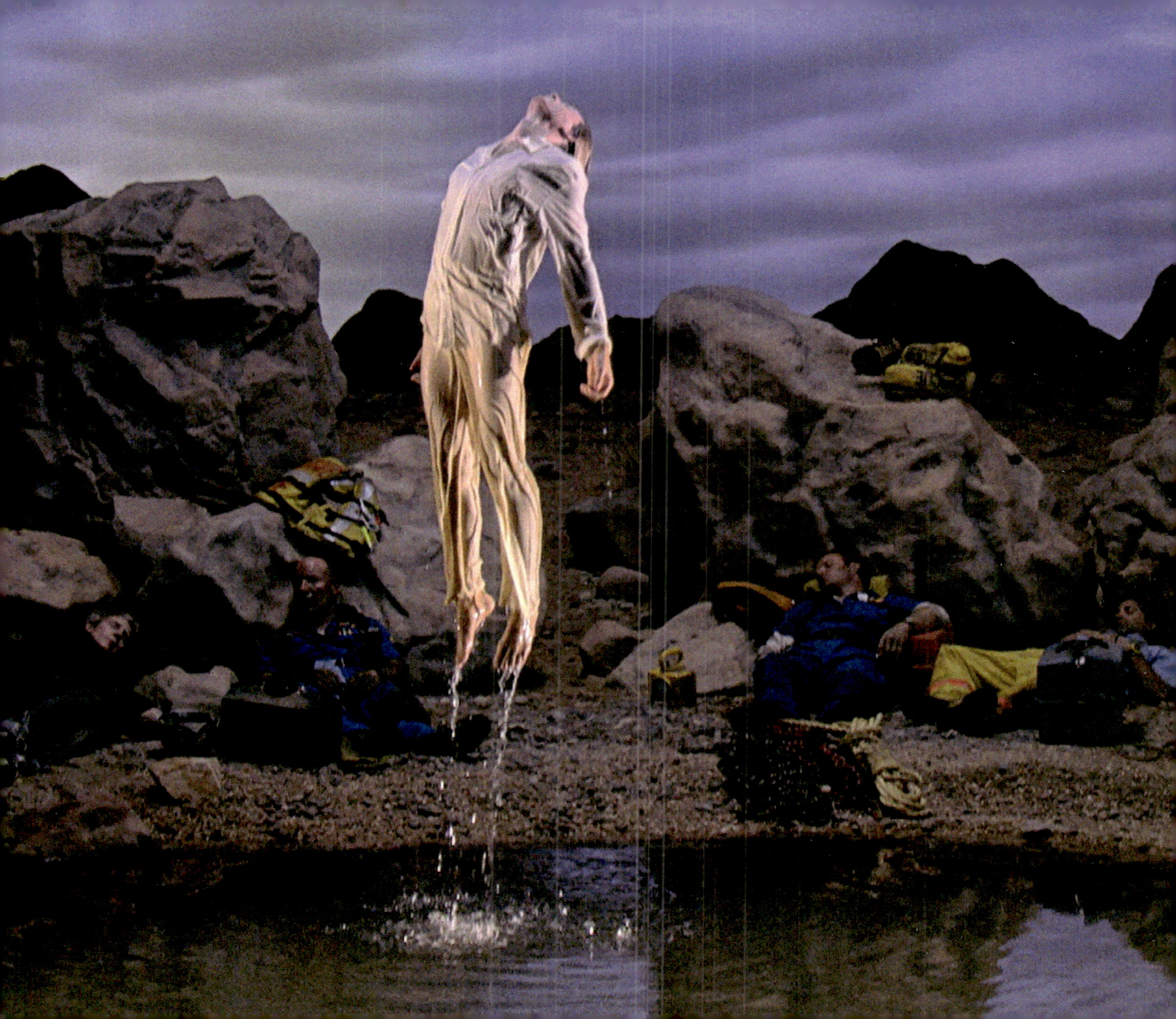

PRESENCE, 1995

Installation sonore ; son amplifié sur six canaux.
Sound installation; six channels of amplified sound.
Diffusion en boucle / continuous loop

Presence exploitait l'architecture du dôme ou de la rotonde du pavillon américain à la Biennale de Venise. Les voix sont à la limite de l'audibilité. De la petite enfance à la vieillesse, ces voix chuchotent des secrets et des histoires personnelles. À partir de quatre petits haut-parleurs montés sur le pourtour du dôme, quatre canaux diffusent successivement des voix différentes, qui circulent dans la salle comme une présence psychologique de la mémoire et de l'individualité.

Dans cet espace, deux autres sons manifestent la présence physique du corps. On entend d'abord, au centre de la salle, une respiration régulière et les sons intérieurs d'un corps humain. Un petit haut-parleur, placé au point focal acoustique d'un réflecteur parabolique monté au sommet du dôme, concentre un faisceau étroit de sons sur une petite surface, matérialisant subitement la respiration et les bruits du corps au niveau de l'oreille intime de l'auditeur. En dehors de cet axe, les auditeurs entendent encore la respiration, mais plus lointaine et diffuse. Le second bruit est la pulsation constante, à basse fréquence, d'un rythme cardiaque humain, diffusée dans tout l'espace. Un haut-parleur *subwoofer* spécial reproduit des tons graves profonds, que l'on ressent moins comme des sons que comme des vibrations physiques.

Les haut-parleurs sont placés dans la salle de manière à tirer parti des caractéristiques acoustiques particulières du dôme. Dans des espaces sans dôme, comme dans l'escalier des galeries du Grand Palais, l'installation sera configurée différemment, en fonction de l'architecture de l'espace et de ses qualités acoustiques.

Presence was conceived to make use of the architecture of the dome/rotunda in the American pavilion at the Venice Biennale. Voices are heard at the edge of audibility. The voices, from early childhood to old age, whisper personal secrets and private stories. Four channels of individual voices are heard sequentially from four small speakers mounted around the periphery of the dome, and circulate in the hall as the psychological presence of memory and individuality.

Two other sounds are present in the space, manifesting the physical presence of the body. First, regular breathing and internal body sounds can be heard focused on the center of the room. A small speaker is mounted at the acoustic focal point of a parabolic reflector placed at the apex of the dome. This produces a narrow beam of sound concentrated in a small area, materializing the breathing and body sounds suddenly at intimate ear level for the listener. Off axis, the listeners still hear the breathing, but more distant and dispersed. The second sound is the low frequency constant pulsing of a human heartbeat, which can be heard diffused throughout the space. A special subwoofer speaker reproduces the deep bass tones that are felt more as physical vibrations than heard as sound.

Speakers are placed in the hall to utilize the unique acoustic characteristics of the dome space. For installations without a dome structure, the piece can be configured in different ways depending upon the local architecture and spatial acoustic conditions.

Bill Viola

PRESENCE

Sound piece -
Voices of people
old age to childhood
whispering

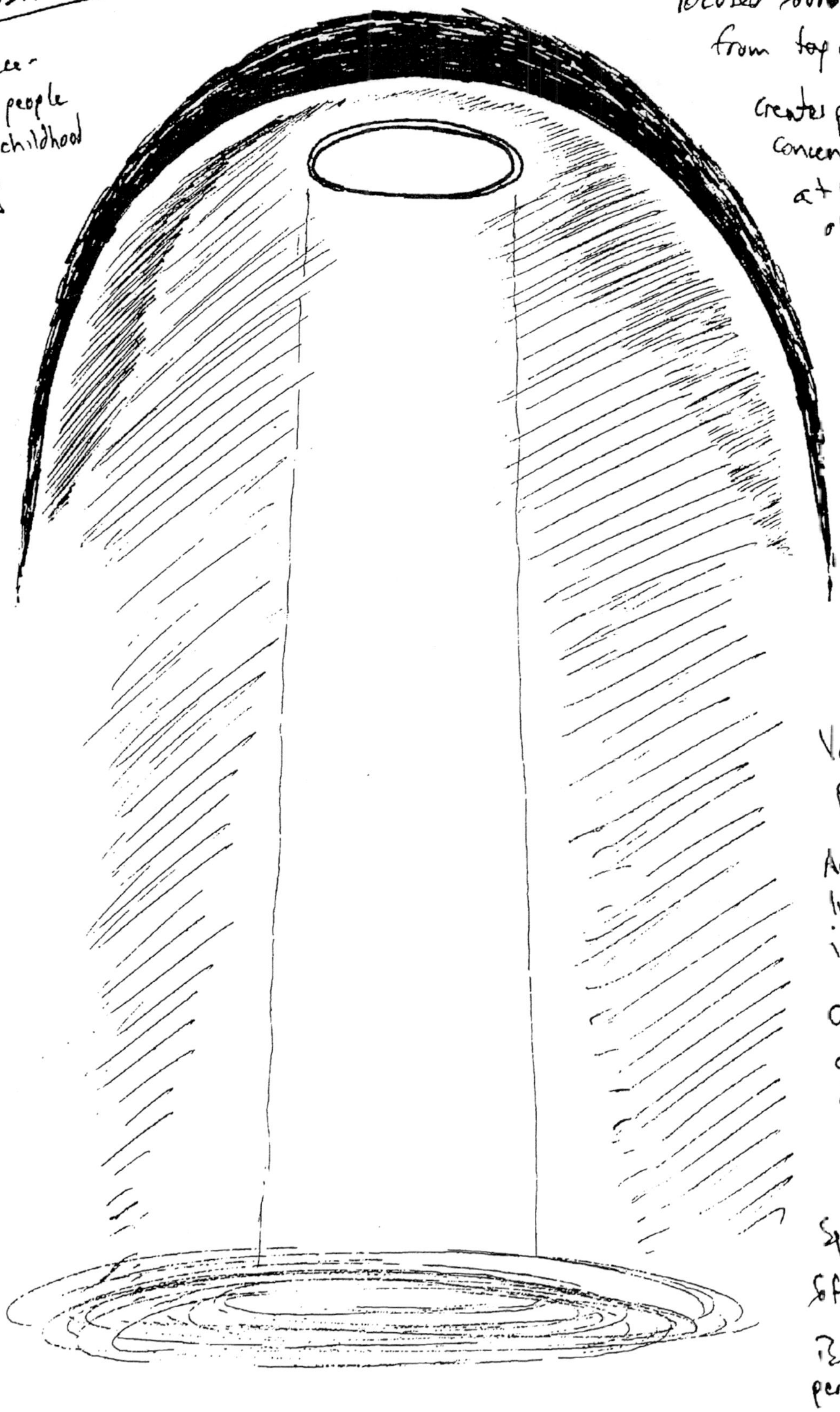

Focused Sound beam
from top of dome

Creates pool of
concentrated sound
at floor, width
of single person.

Voices Whisper
personal secrets.

Audible when
listener steps
into sound beam.

Off axis - voices
are heard
distantly in
space.

Space is empty
Soft light

Benches on
periphery for sitting.

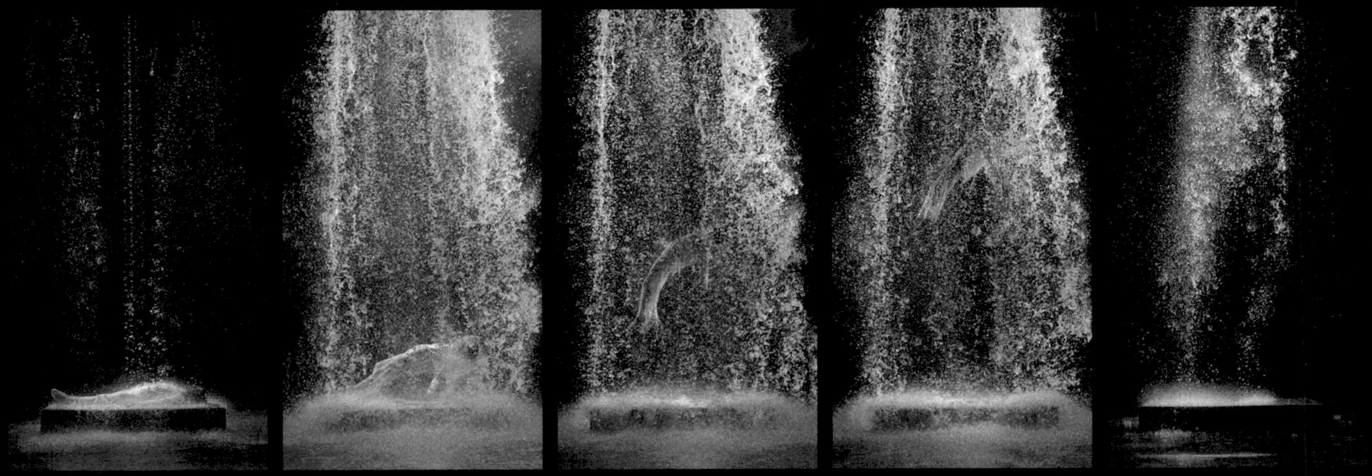

▷ *TRISTAN'S ASCENSION (THE SOUND OF A MOUNTAIN UNDER A WATERFALL)*, 2005
Projection vidéo haute définition en couleur ; quatre canaux audio avec *subwoofer* (4.1).
Color high-definition video; four channels of sound with subwoofer (4.1).
Dimensions de l'écran / of screen : 580 x 326 cm
10 minutes 16 secondes
Performeur / performer : John Hay

Tristan's Ascension décrit l'ascension de l'âme dans l'espace après la mort, au moment où elle se réveille et se trouve emportée par une chute d'eau qui coule inversée. Le corps d'un homme est allongé sur une dalle de pierre dans une pièce en béton vide. De petites gouttes d'eau quittent le sol et remontent dans l'espace, mais ce qui commence comme une petite pluie devient vite un déluge qui gronde, et l'eau en cascade bouscule le corps inerte de l'homme et le ramène rapidement à la vie. Ses bras se meuvent librement et son buste se cambre vers le haut au milieu de l'eau en furie.

Enfin, tout son corps se soulève de la dalle et est entraîné par l'eau qui s'engouffre, puis disparaît en haut de l'écran. Progressivement, le torrent se calme et les gouttes cessent peu à peu, jusqu'à ce qu'il ne reste plus que la dalle vide, qui luit sur le sol mouillé. La séquence est projetée sur un grand écran vertical. Un système audio *surround* 4.1, spécialement configuré, diffuse le son dans la dimension verticale de l'espace.

Tristan's Ascension describes the ascent of the soul in the space after death as it is awakened and drawn up in a backwards flowing waterfall. The body of a man is seen lying on a stone slab in an empty concrete room. Small drips of water become visible as they leave the ground and fall upward into space. What starts as a light rain soon becomes a roaring deluge, and the cascading water jostles the man's limp body and soon brings him to life. His arms move of their own accord and his torso arches upward amidst the churning water.

Finally, his entire body rises off the slab and is drawn up with the rushing water, disappearing above. The torrent of water gradually subsides and the drips decrease until only the empty slab remains, glistening on the wet ground. The image sequence is projected onto a tall, vertically oriented screen mounted on the wall. A specially configured 4.1 surround sound system arrays the sound in the vertical dimension of the space.

Bill Viola

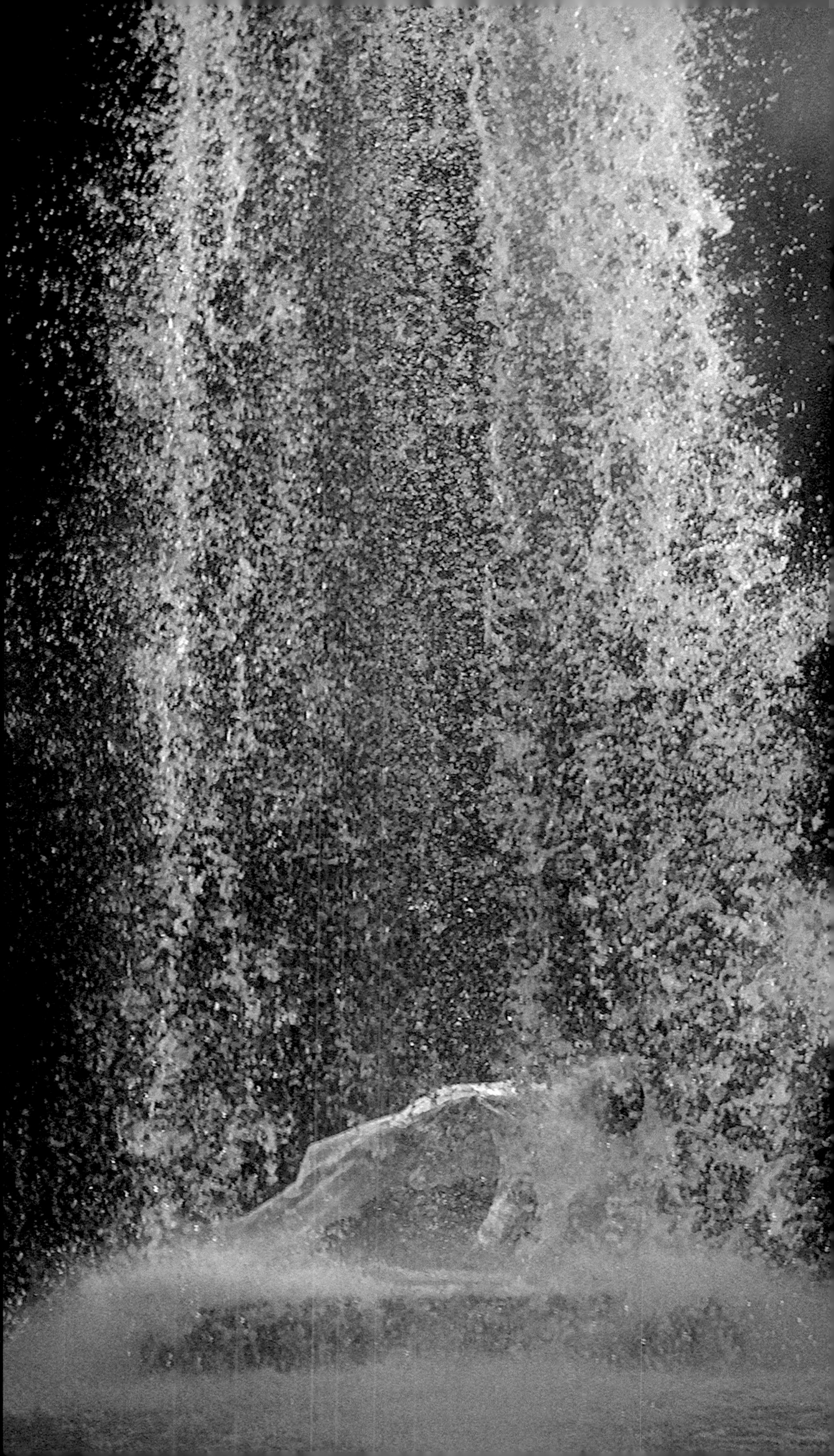

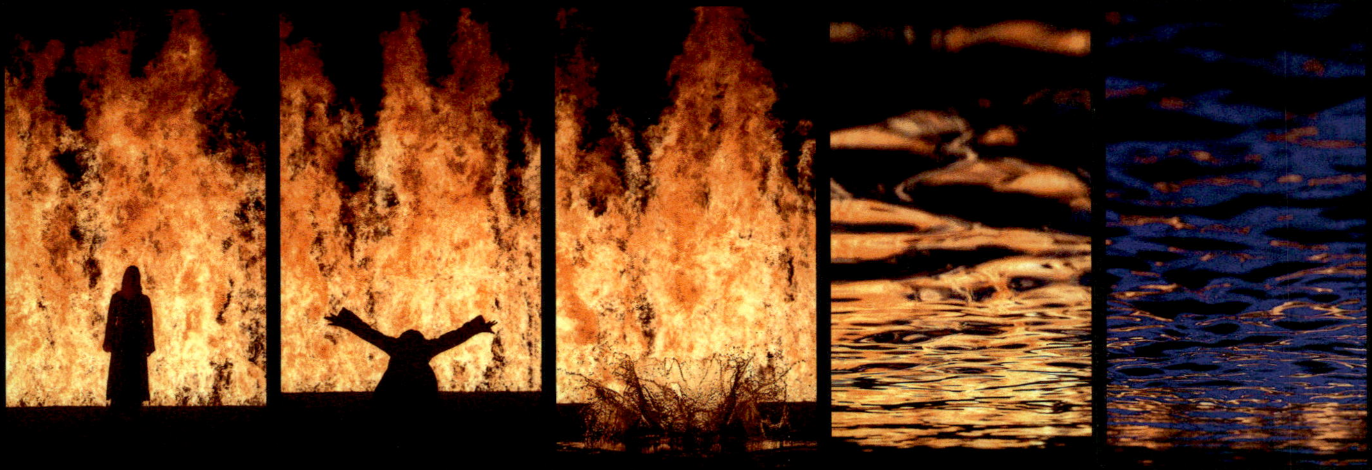

FIRE WOMAN, 2005
Projection vidéo haute définition en couleur ;
quatre canaux audio avec *subwoofer* (4.1).
Color high-definition video projection;
four channels of sound with subwoofer (4.1).
Dimensions de l'écran / of screen : 580 x 326 cm
11 minutes 12 secondes
Performeur / performer : Robin Bonaccorsi

Fire Woman est une image qui apparaît dans l'œil intérieur d'un homme sur le point de mourir. La silhouette sombre d'une figure féminine se dresse devant un mur de flammes. Au bout de quelques minutes, elle avance, tend les bras et tombe dans son propre reflet. Quand les flammes de la passion et de la fièvre s'engouffrent finalement dans l'œil intérieur, et que l'homme est aveuglé par la prise de conscience qu'il ne rencontrera plus jamais le corps du désir, la surface réfléchissante se brise et s'effondre pour retrouver sa forme essentielle, celle d'un motif d'ondes et de lumière pure.

Fire Woman is an image seen in the mind's eye of a dying man. The darkened silhouette of a female figure stands before a wall of flame. After several minutes, she moves forward, opens her arms, and falls into her own reflection. When the flames of passion and fever finally engulf the inner eye, and the realization that desire's body will never again be met blinds the seer, the reflecting surface is shattered and collapses into its essential form—undulating wave patterns of pure light.

Bill Viola

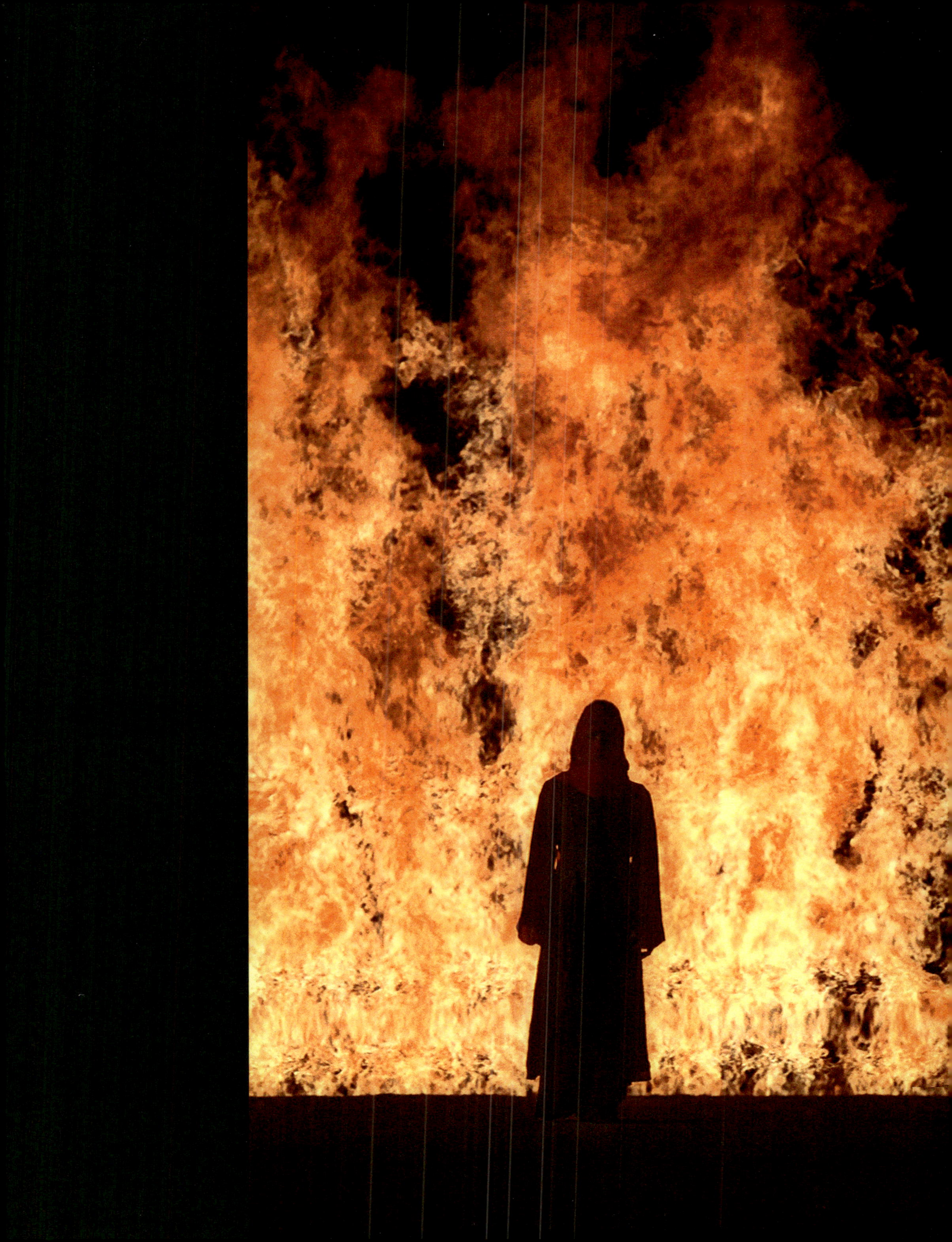

MAN SEARCHING FOR IMMORTALITY / WOMAN SEARCHING FOR ETERNITY, 2013
Diptyque vidéo haute définition en couleur, vidéo projetée sur deux grandes dalles de granit noir appuyées contre un mur.
Color high-definition video diptych projected on large vertical slabs of black granite leaning on a wall.
Dimensions des dalles / of slabs :
228 x 346 x 224 cm
18 minutes 54 secondes
Performeurs / performers : Luis Accinelli, Penelope Safranek

Deux dalles de granit noir de deux mètres de haut sont appuyées, l'une à côté de l'autre, contre un mur dans une pièce sombre. Deux personnages nus, un homme et une femme, semblent sortir de la pierre et marcher vers nous. Ils arrivent en nous regardant droit dans les yeux avec une clarté et une conscience particulières. Lentement, chacun allume une petite lampe torche et entame un rituel quotidien familier : chercher soigneusement sur son corps des signes de maladie ou de dégradation. Ils le font méthodiquement et minutieusement, car ils sont à l'affût de la mort. Quand ils ont fini, ils éteignent leur lampe, reconnaissants d'être en vie. Debout, immobiles, ils disparaissent progressivement et retournent dans la pierre d'où ils sont venus.

Two seven-foot-high slabs of black granite lean side by side against the wall in a dark room. Two naked human figures, a man and a woman, appear to emerge from the stone and walk toward us. They arrive looking directly into our eyes with clarity and awareness. Slowly, each turns on a small light and begins a familiar daily ritual, carefully searching his or her body for evidence of disease or corruption. This is done methodically and meticulously, for they are searching for death. When they are finished, they each turn off their light, thankful for life. Standing very still, they gradually dissolve back into the stone from where they came.

Bill Viola

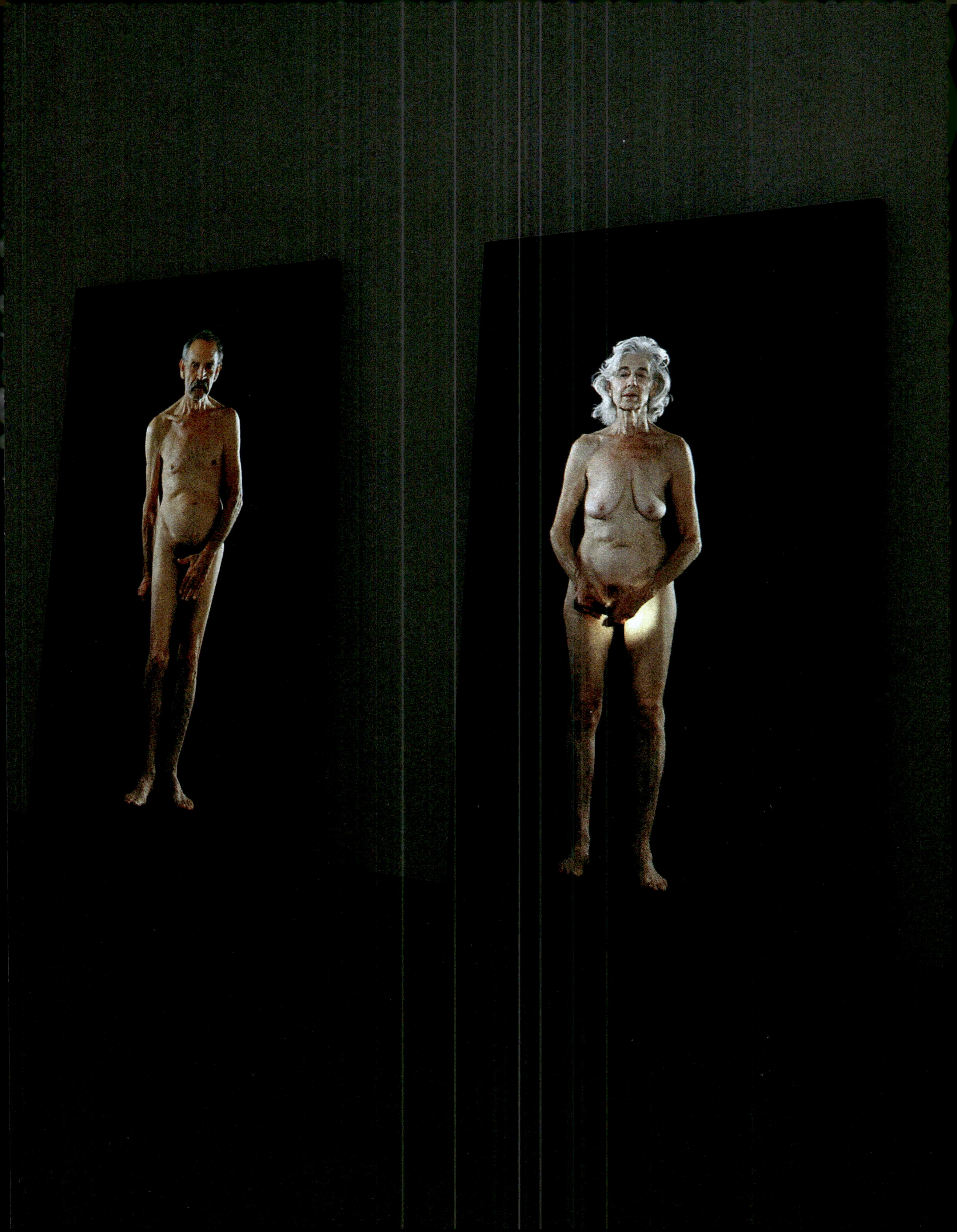

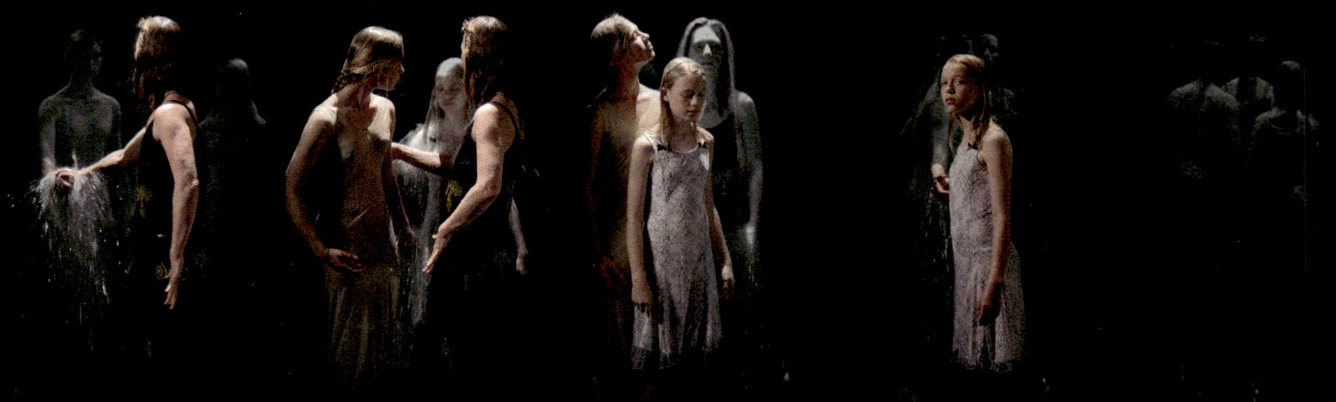

THREE WOMEN, 2008
Vidéo haute définition en couleur sur écran plasma.
Color high-definition video on plasma display.
Dimensions de l'écran / of screen : 155,5 x 92,5 x 12,7 cm
9 minutes 6 secondes
Performeuses / performers : Anika, Cornelia, Helena Ballent

« Le titre de la série, "Transfigurations" [qui inclut *Three Women*] renvoie à un phénomène rare qui se traduit par une reconfiguration à la fois de la substance et de l'essence d'une entité. Physiquement, une transfiguration est un changement complet de forme, un remodelage des apparences, une métamorphose, comme l'indique son étymologie grecque *metamorphôsis*. Mais le mot prend tout son sens dans un contexte spirituel, où il désigne alors la transformation intérieure d'une personne ou d'un objet. Le changement qui en résulte est absolu et complet; il touche le cœur et l'âme du sujet. Dans ce processus, il arrive que l'aspect extérieur soit modifié, mais ce n'est pas obligatoire. La métamorphose la plus profonde et la plus radicale est totalement intériorisée, invisible, sauf qu'elle modifie la substance même de la personne, qui finit par rayonner et transformer tout ce qui l'entoure. »

Extrait de l'article de Bill Viola « The Transfigurations Series » publié pour la première fois dans *Bill Viola : Transfigurations*, Séoul, galerie Kukje, 2008.

The title of the series "Transfigurations" [that includes *Three Women*] refers to a rare process whereby both the substance and essence of an entity are reconfigured. In physical terms, a transfiguration is a change in form, a remodeling of appearance. The word derives from the ancient Greek *metemorphothe* (metamorphosis) suggesting a complete reformation. However, the word takes on its fullest meaning in the spiritual context when it refers to the moment when a person or an object is transformed not by external means but *from within*. The resulting change is absolute and thorough, affecting the heart and soul of the subject. Although the outward appearance can sometimes be altered in this process as well, it is not necessary. A deeper, more profound, complete transformation occurs inside, out of sight, and for a person it reformulates the very fiber of their being, finally radiating outward to affect everything around it.

Excerpt from the article "The Transfigurations Series" by Bill Viola, first published in *Bill Viola: Transfigurations*, Seoul, Kukje Gallery, 2008.

Bill Viola

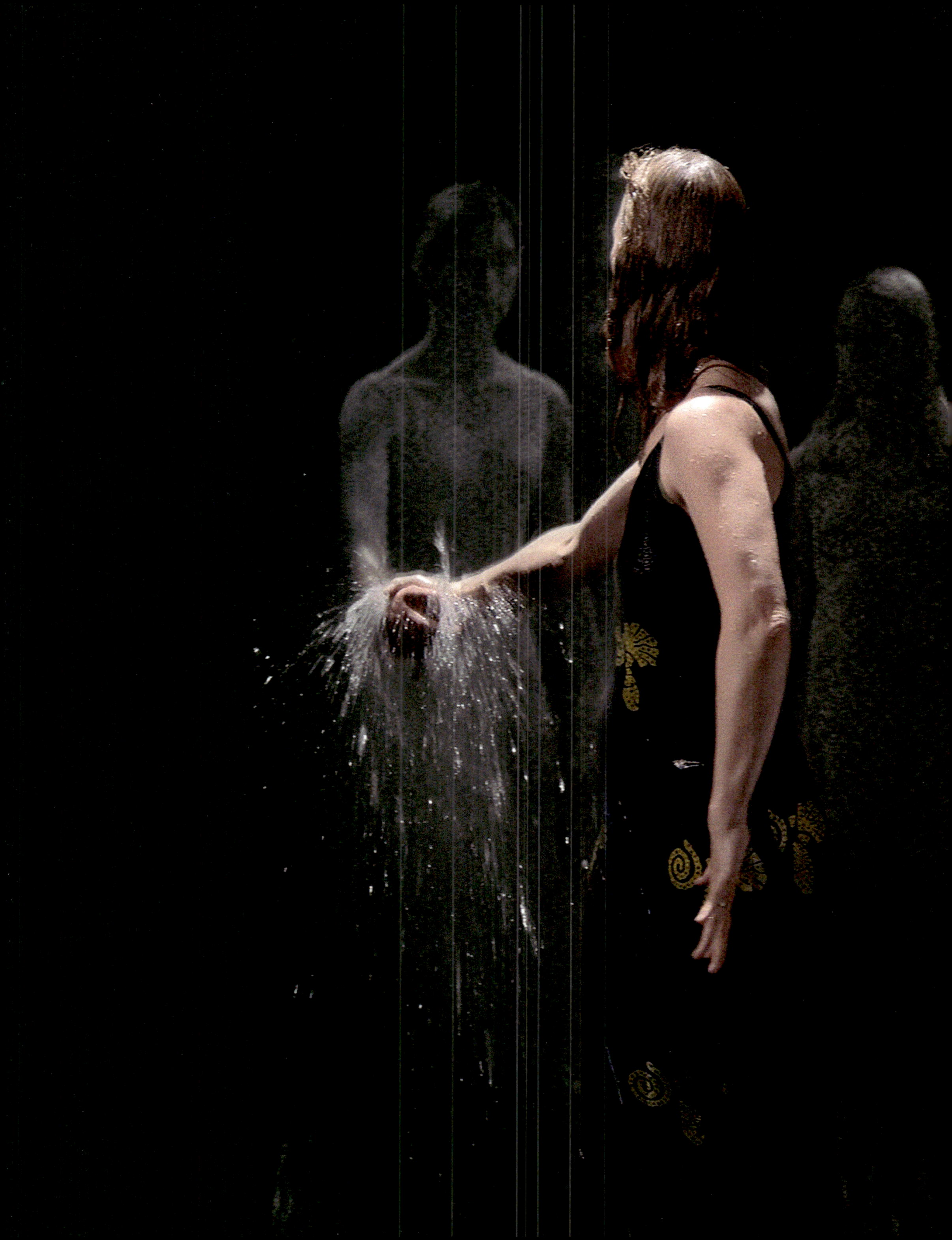

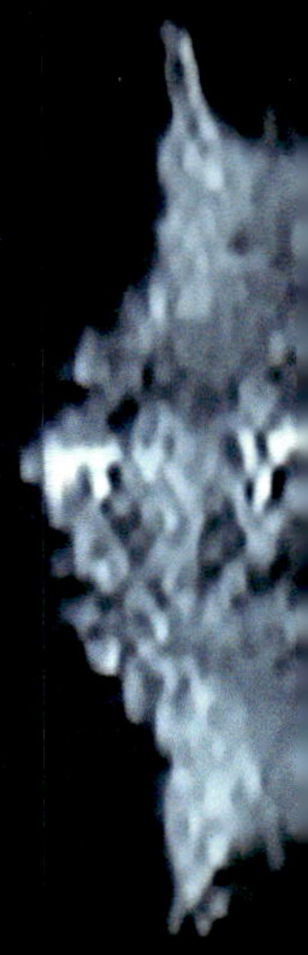

ASCENSION, 2000
Projection vidéo en couleur sur un mur, son stéréo.
Color video projection on a wall; stereo sound.
Dimensions de l'image projetée / projected image size :
335 x 251 cm
10 minutes
Performeur / performer : Josh Coxx

Le calme d'un paysage sous-marin est rompu au moment où un homme entièrement vêtu plonge soudain dans l'eau. Sur fond d'un grondement et d'une explosion de bulles bouillonnantes et lumineuses, il s'enfonce lentement, les bras étendus, le corps inerte, immobile. Des rayons de lumière ondoient tandis que des flux de bulles brillantes montent vers la surface perturbée. À mi-chemin, l'homme ralentit dans sa descente pour s'arrêter enfin ; son corps reste suspendu dans l'espace. Lentement, il commence son ascension vers la surface. Là, des bulles d'air sortent de sa bouche et l'homme recommence sa descente involontaire. Cette fois, il s'enfonce dans les profondeurs et disparaît bientôt dans les ténèbres, en dessous du champ de l'image, et le paysage redevient paisible.

The stillness of an underwater landscape is broken when a fully clothed man suddenly plunges into the water from above. Accompanied by a roar of sound and a luminous explosion of bubbles and turbulence, he slowly sinks with arms outstretched, his body limp and motionless. Shafts of light undulate as streams of glowing bubbles ascend to the disturbed surface. Midway down, the man's descent slows and finally stops, and his body remains suspended in space. Slowly he begins to rise again, eventually reaching the surface. There, air bubbles emerge from his mouth and he begins his involuntary descent again. This time he sinks into the depths and his body soon disappears into the darkness below the edge of the frame, allowing the landscape to return to its undisturbed state.

Bill Viola

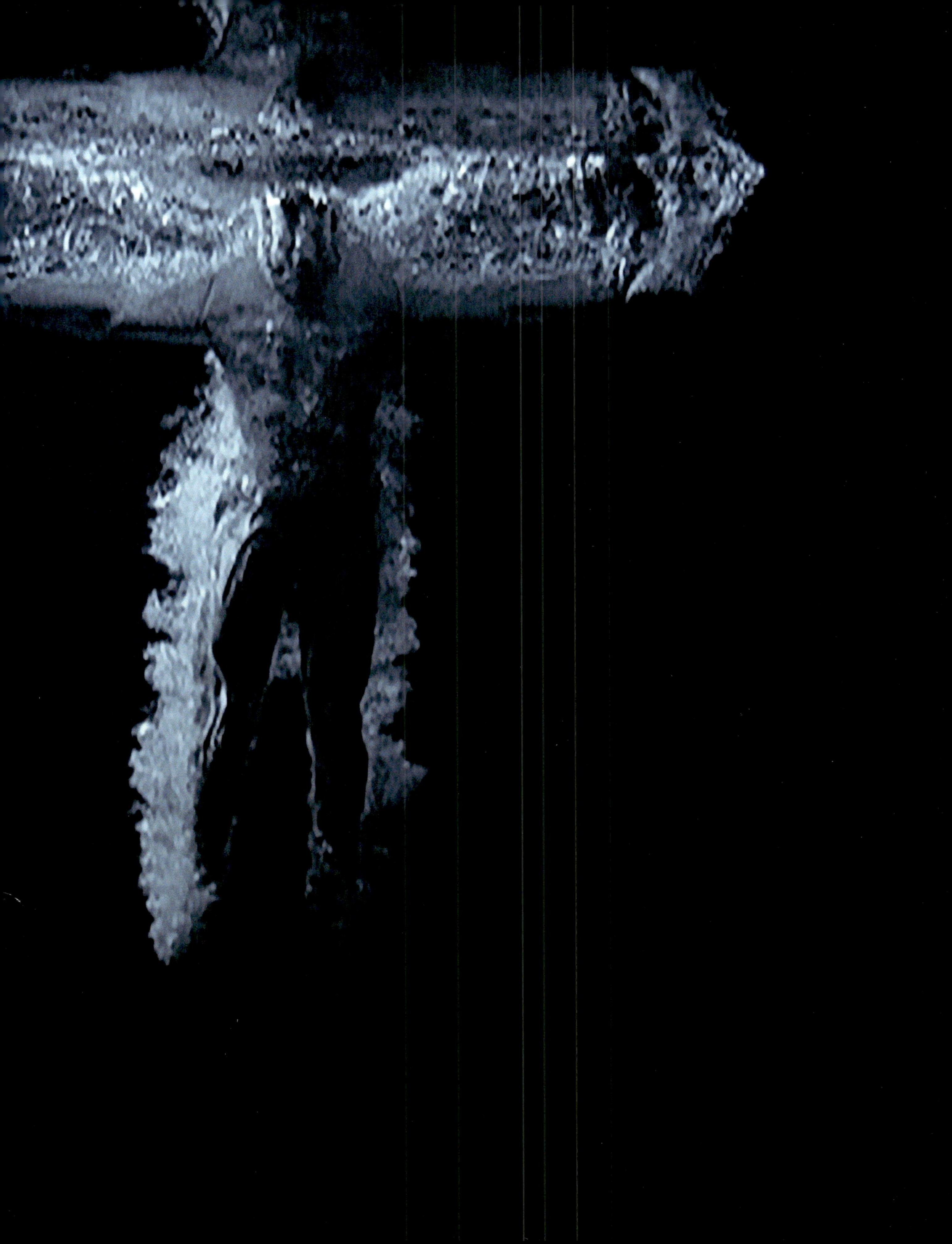

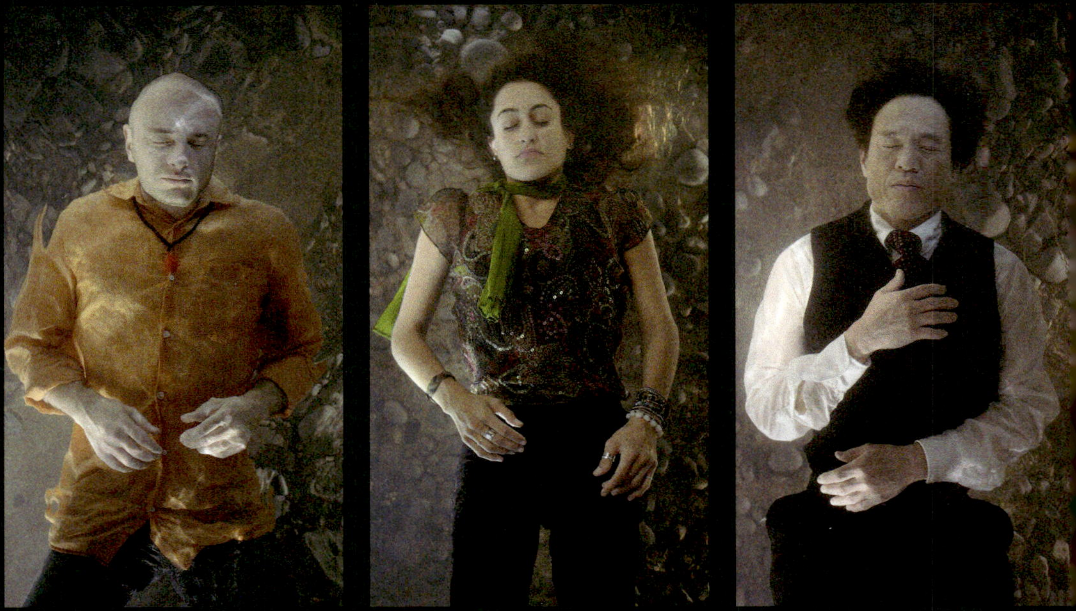

THE DREAMERS, 2013
Sept canaux vidéo haute définition en couleur
sur écrans plasma ; quatre canaux audio en stéréo.
Seven channels of color high-definition video
on plasma displays; four channels of stereo sound.
Dimensions de chaque écran / of each screen :
155,5 x 92,5 x 12,7 cm
Vidéo en boucle / continuous loop
Performeurs / performers : Gleb Kaminer, Rebekah Rife,
Mark Ofugi, Madison Corn, Sharon Ferguson,
Christian Vincent, Katherine McKalip

The Dreamers est une installation composée de sept grands écrans plasma qui présentent, dans une même salle, sept personnes immergées dans le fond d'un cours d'eau. Elles ont les yeux fermés et paraissent sereines. L'eau ondule sur leurs corps et anime subtilement leurs mouvements. Le son de l'eau qui coule envahit l'espace tandis la pièce se remplit progressivement de rêves.

The Dreamers is a room-sized installation containing seven large plasma screens that depict seven individuals submerged underwater at the bottom of a streambed. Their eyes are closed and they appear to be at peace. Water ripples across their bodies, subtly animating their movements. The sound of running water permeates the space as dreams filter through the room.

Bill Viola

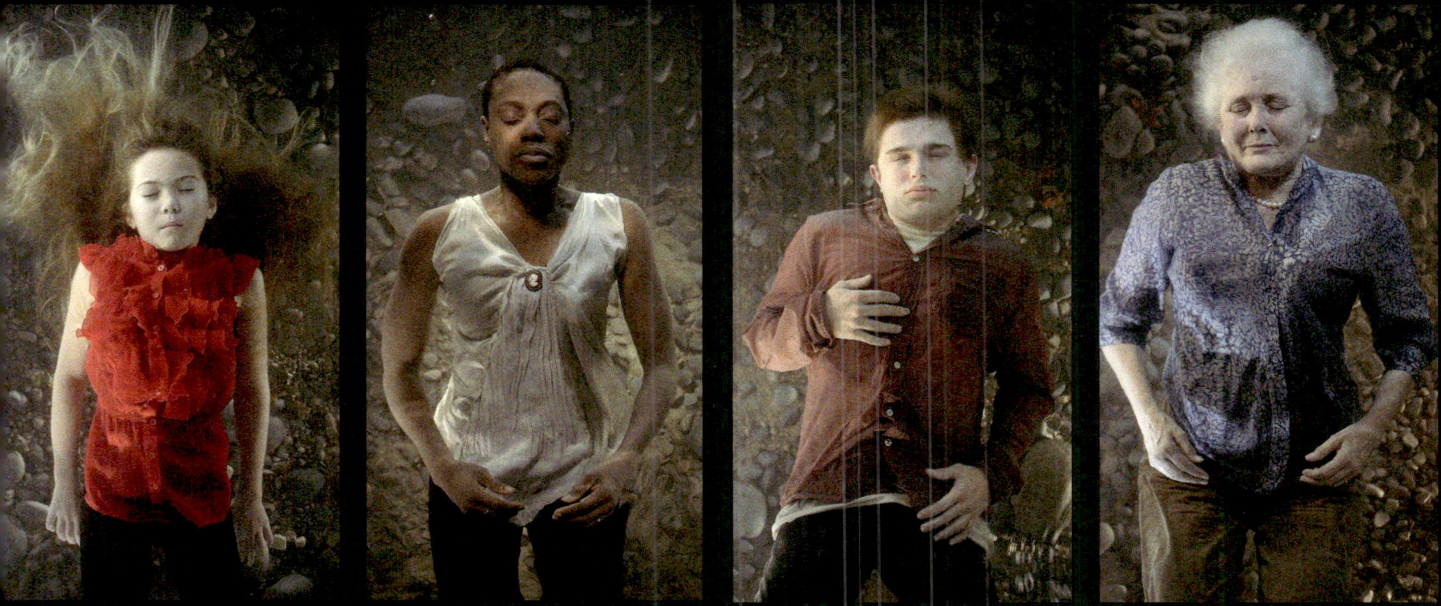

Chronologie

1951
Naissance de Bill Viola à New York.

1971
Après des études de peinture et de musique électronique, Bill intègre le département des « studios expérimentaux » de l'université de Syracuse (État de New York), dirigé par Jack Nelson. Fondateur du groupe de vidéo *Synapse*, il installe un studio de vidéo couleur au Centre des étudiants de l'université.

1972
Premières pièces vidéo, dont *Tape I*. Tout en travaillant comme préparateur vidéo au Everson Museum of Art, à Syracuse, il est l'assistant de Nam June Paik. Première présentation publique d'œuvres vidéo dans l'exposition collective « St. Jude International » au de Saisset Museum, université de Santa Clara, Californie *(Wild Horses)*.

1973
Après sa licence, étudie avec le compositeur/musicien David Tudor. Première exposition personnelle d'installations et de bandes vidéo au Everson Museum à Syracuse.

1974
Durant dix-huit mois, il travaille comme directeur technique dans le studio d'art vidéo Art/Tapes/22 à Florence, où il découvre l'art de la Renaissance. Voyage dans la vallée de la Mort, dans le désert de Mojave en Californie. Ces deux expériences vont profondément influencer son œuvre. Exposition personnelle d'installations vidéo et audio au centre d'art « The Kitchen », à New York.

1975
Rencontre l'ingénieur du son Bob Bielecki ; ensemble, ils collaborent sur des œuvres sonores. Première exposition en Europe avec l'installation *Il Vapore* à Zona, Florence.

1976
Au WNET 13 Television Laboratory, à New York, il a accès aux technologies de pointe en matière de radiodiffusion. Commence à voyager dans des lieux exotiques (îles Salomon, Java et Bali, Japon) pour enregistrer les musiques et cultures traditionnelles.

1977
À Melbourne, il rencontre Kira Perov, directrice culturelle de l'université La Trobe, qui deviendra sa femme et sa principale collaboratrice. Présentation à la Documenta 6 de Kassel, en Allemagne *(He Weeps for You)*.

1979
Expose *He Weeps for You* au MoMA, à New York, dans le cadre de la série « Projects ». Voyage dans le Saskatchewan, au Canada, pour enregistrer des paysages de la Prairie, puis, avec Perov, en Tunisie, pour filmer des mirages à l'aide de téléobjectifs vidéo *(Chott el-Djerid)*.

1980
Résidence d'artistes au Japon pendant dix-huit mois ; le couple se plonge dans l'art et la culture du Japon et étudie avec le peintre et maître zen Daien Tanaka.

1981
Artiste en résidence dans les laboratoires de recherche de Sony à Atsugi, il voyage avec Kira dans le Honshu rural, au Japon, avec une caméra vidéo de dernière génération, enregistrant des images pour *Hatsu-Yume (First Dream)*. Perov et Viola s'installent à Long Beach, en Californie.

1982
Le couple voyage dans le Ladakh, région de l'Himalaya située dans le nord de l'Inde, pour observer l'art et les rituels religieux dans les monastères bouddhistes tibétains. Le Whitney Museum of American Art, à New York, présente une rétrospective de ses bandes vidéo.

1987
Durant cinq mois, Perov et Viola explorent le sud-ouest des États-Unis pour filmer le paysage désertique à l'aide de caméras noir et blanc à infrarouge et dotées d'intensificateurs d'images ; ils étudient les anciens sites archéologiques. Exposition « Bill Viola : Installations and videotapes » au MoMA à New York.

1988
Naissance de leur premier fils, Blake. Viola commence à utiliser des structures temporelles générées par ordinateur *(The Sleep of Reason)*.

1989
Il expérimente la technologie du disque laser vidéo dans des installations multicanaux. Obtient une bourse de cinq ans de la Fondation John D. et Catherine T. MacArthur.

1991
Sa mère meurt en février. Leur second fils, Andrei, naît en novembre. Achève *The Passing* pour la ZDF, méditation personnelle sur la naissance, la mort et le paysage désertique. Loue un studio pour la première fois.

1992
Viola crée une première œuvre sur film 35 mm haute vitesse *(The Arc of Ascent)*, son premier projet avec le directeur de la photographie Harry Dawson. Création au musée des Beaux-Arts de Nantes d'un retable projeté dans la chapelle de l'oratoire *(Nantes Triptych)*. Premières expositions dans des galeries privées (Donald Young, à Seattle, et Anthony d'Offay, à Londres).

1994
Crée *Déserts*, sa première vidéo pour un spectacle musical inspiré d'une composition musicale d'Edgard Varèse, en collaboration avec l'Ensemble Modern de Francfort.

1995
Représente les États-Unis à la 46e Biennale de Venise. Publication d'un recueil d'écrits sous le titre *Bill Viola : Reasons for Knocking at an Empty House*.

1996
Installation *(The Messenger)* dans la cathédrale de Durham (XIe siècle). Exposition à la chapelle Saint-Louis de la Salpêtrière à Paris, dans le cadre du Festival d'automne.

1997
Rétrospective de vingt-cinq années de travail au Whitney Museum of American Art à New York ; l'exposition est présentée dans cinq lieux différents, et notamment au Los Angeles County Museum of Art.

2000
Création de *The Quintet of the Astonished*, sa première œuvre sur le thème des passions, pour la National Gallery à Londres. Première exposition dans une galerie à New York (James Cohan), première utilisation de petits écrans LCD plats et d'écrans plasma.

2001
Voyage en Toscane pour étudier les cycles de fresques de la fin du Moyen Âge et de la Renaissance en préparation de *Going Forth By Day*. Présentation d'œuvres de la série des « Passions » à la galerie Anthony d'Offay à Londres.

2002
Présentation au Guggenheim de Berlin de *Going Forth By Day*, sa pièce la plus ambitieuse, produite pendant six mois avec l'aide de cent vingt techniciens, décorateurs et acteurs.

2003
« Bill Viola : The Passions » au J. Paul Getty Museum à Los Angeles, puis à la National Gallery à Londres ; pour les deux musées, c'est la première exposition personnelle consacrée à un artiste contemporain. Première exposition personnelle dans une galerie d'Asie, la galerie Kukje à Séoul, Corée du Sud.

2004
Production de *Tristan und Isolde*, vidéo de quatre heures créée pour l'opéra de Wagner mis en scène par Peter Sellars, avec le Los Angeles Philharmonic sous la direction d'Esa-Pakka Salonen ; l'œuvre sera présentée à l'Opéra de Paris en 2005. Exposition au Guggenheim de Bilbao.

2005
Viola et Perov se rendent avec leurs fils Blake et Andrei à Dharamsala, dans le nord de l'Inde, pour y rencontrer le dalaï-lama et découvrir la religion et la culture tibétaines.

2006
Rétrospective « Bill Viola : Hatsu-Yume (First Dream) » composée de seize œuvres, au Mori Art Museum à Tokyo. Le Gouvernement français lui décerne la distinction de commandeur de l'ordre des Arts et des Lettres.

2007
Installation vidéo/audio sur trois écrans dans l'église de San Gallo (XVe siècle) pour la Biennale de Venise *(Ocean Without a Shore)*.

2008
Exposition à la galerie Kukje, à Séoul. Rétrospective au Palazzo delle Esposizioni à Rome.

2009
Reçoit le XXIe Prix international de la Catalogne, décerné par la communauté autonome de Catalogne, en Espagne.

2010
Emergence est installé à côté du *David* de Michel-Ange à la Galleria dell'Accademia à Florence, en Italie.

2011
La Japan Art Association lui décerne le Praemium Imperiale en peinture.

2012
Exposition « Bill Viola : Reflections », composée de onze œuvres vidéo, à la Villa di Panza à Varese, en Italie La galerie James Cohan, à Shanghai, présente « Bill Viola : Unspoken ». Est élu membre de la National Academy à New York.

2013
Exposition personnelle d'œuvres nouvelles à Blain|Southern, à Londres, « Frustrated Actions and Futile Gestures ». Création de *Self Portrait, Submerged* pour la collection d'autoportraits du couloir Vasari, à la galerie des Offices à Florence.

Chronology

1951
Bill Viola is born in New York.

1971
After studying painting and electronic music, Viola transfers to Experimental Studios Department of Syracuse University (New York State), directed by his mentor Jack Nelson. Founding member of the Synapse video group, who install and operate a cable TV system and color studio in the Syracuse student center.

1972
Creates first videotapes, including *Tape I*. While working as video technician at the Everson Museum of Art, Syracuse, is assistant to Nam June Paik. First public exhibition of videotape works in the group exhibition from "St. Jude International," de Saisset Museum, Santa Clara University, California (*Wild Horses*).

1973
Graduates with a BFA. Studies with composer/performer David Tudor. First solo show of installations and videotapes, Everson Museum of Art, Syracuse.

1974
Works as technical director for video art studio Art/Tapes/22 in Florence for 18 months, where he encounters Renaissance art. Travels to the Mojave desert and Death Valley, California, both experiences profoundly influencing future work. One-person exhibition of video and sound installations at The Kitchen, New York.

1975
Meets audio engineer and sound designer Bob Bielecki, they collaborate on sound works; first exhibition in Europe, the installation *Il Vapore* at Zona, Florence.

1976
Has access to cutting-edge broadcast technology at WNET/Thirteen Television Laboratory, New York. Begins his travels to exotic places (Solomon Islands, Java and Bali, Japan) to record traditional music and culture.

1977
In Melbourne, meets Kira Perov, director of cultural activities at La Trobe University, who becomes his wife and lifelong collaborator. Presents video/sound installation at Documenta 6, Kassel (*He Weeps for You*).

1979
Shows *He Weeps for You* at MoMA, New York, in the "Projects" series. Travels to Saskatchewan, Canada, to record winter prairies, and with Perov to Tunisia to videotape mirages with telephoto lenses (*Chott el-Djerid*).

1980
Viola is artist-in-residence in Japan for eighteen months; the couple immerse themselves in Japanese art and culture. They study with painter and zen master Daien Tanaka.

1981
Artist-in-residence at Sony Corporation's Atsugi Research Laboratories; travels with Perov throughout rural Honshu, Japan, with state-of-the-art Sony video camera, recording images for *Hatsu-Yume (First Dream)*. Viola and Perov move to Long Beach, California.

1982
They travel to the Ladakh region of the Himalayas in northern India to observe religious art and ritual in Tibetan Buddhist monasteries. The Whitney Museum of American Art, New York, presents a retrospective of his videotapes.

1987
Perov and Viola spend five months camping and exploring the southwestern United States recording desert landscapes using infrared black-and-white and image-intensifying cameras and studying archeological sites. "Bill Viola: Installations and Videotapes" at MoMA, New York.

1988
Their first son, Blake, is born. Begins working with computer-controlled self-generating time structures in installations (*The Sleep of Reason*).

1989
Begins to use video laser-disc technology in multi-channel installations. Receives a five-year fellowship from the John D. and Catherine T. MacArthur Foundation.

1991
His mother dies in February. Their second son, Andrei, is born in November. Completes *The Passing* for ZDF Television, a personal meditation on birth, death, and the desert landscape. Rents studio for first time.

1992
Makes his first work using 35mm high-speed film (*The Arc of Ascent*), first project with director of photography Harry Dawson. Creates a projected triptych altarpiece for a seventeenth-century church, the Chapelle de l'Oratoire, with the Musée des Beaux-Arts de Nantes, France (*Nantes Triptych*). First private gallery exhibitions (Donald Young Gallery, Seattle, and Anthony d'Offay Gallery, London).

1994
Creates first video for live music performance, *Déserts*, based on a composition by Edgard Varèse, collaboration with Ensemble Modern, Frankfurt.

1995
Represents the United States at the 46th Venice Biennale. Collected writings published: *Bill Viola: Reasons for Knocking at an Empty House*.

1996
Installation in the eleventh-century Durham Cathedral (*The Messenger*). Exhibition in the Chapelle Saint-Louis de la Salpêtrière, Festival d'Automne.

1997
A twenty-five-year survey exhibition, Whitney Museum of American Art, New York; travels to five venues, including the Los Angeles County Museum of Art.

2000
Creates *The Quintet of the Astonished*, his first Passions work, for the National Gallery, London. First private gallery exhibition in New York, James Cohan Gallery, first use of small flat-screen LCD and plasma screens.

2001
Travels in Tuscany studying narrative fresco cycles of the late Middle Ages and Renaissance in preparation for *Going Forth By Day*. Passions works shown at Anthony d'Offay, London.

2002
Going Forth By Day premiers at the Deutsche Guggenheim Berlin, travels to the Solomon R. Guggenheim Museum, New York. This piece is his most ambitious, produced over six months with 120 technicians, set designers, and actors.

2003
Bill Viola: The Passions, J. Paul Getty Museum, Los Angeles, travels to the National Gallery, London, first solo exhibition in the main temporary galleries of both museums by a contemporary artist. First solo exhibition in a private Asian gallery, Kukje Gallery in Seoul, South Korea.

2004
Production of *Tristan und Isolde*, a four-hour video created for the opera by Richard Wagner, directed by Peter Sellars, conductor, Esa-Pekka Salonen, Los Angeles Philharmonic, then presented at the Opéra de Paris in 2005. Exhibition at the Guggenheim Bilbao.

2005
Viola and Perov travel with sons Blake and Andrei to Dharamsala, northern India, to visit the Dalai Lama and learn about Tibetan religion and culture.

2006
"Bill Viola: Hatsu-Yume (First Dream), " retrospective with seventeen installations, Mori Art Museum, Tokyo. Awarded Commander of the Order of Arts and Letters by the French government.

2007
Video/sound installation on three screens in the fifteenth-century Church of San Gallo, for the Venice Biennale (*Ocean Without a Shore*).

2008
Exhibition at the Kukje Gallery, Seoul. Retrospective at the Palazzo delle Esposizioni in Rome.

2009
Awarded the XXI Catalonia International Prize by the government of Catalonia, Spain.

2010
Emergence is installed alongside Michelangelo's *David* at the Galleria dell'Accademia in Florence, Italy.

2011
Awarded the Praemium Imperiale in Painting by the Japan Art Association.

2012
"Bill Viola: Reflections" exhibition featuring eleven video works at the Villa di Panza, Varese, Italy. James Cohan Gallery in Shanghai presents "Bill Viola: Unspoken." Elected member of the National Academy in New York.

2013
Solo exhibition, Blain|Southern, London, "Frustrated Actions and Futile Gestures," new works. *Self Portrait, Submerged* is created for the Vasari Corridor, Uffizi Gallery, Florence.

Studio Bill Viola

Kira Perov a supervisé
l'ensemble de cet album.

Assistantes de conservation
Christen Sperry-Garcia
McLean Fahnestock

Artiste numérique
James Adam

Crédits photographiques

Pour toutes les photographies
© Bill Viola Studio

L'ensemble des œuvres de Bill Viola
a été photographié par Kira Perov :
© 2014 Bill Viola et Kira Perov.

À l'exception des photographies
suivantes :
© drawing by Bill Viola : p. 33
photo Mike Bruce/Anthony d'Offay,
Londres : p. 11, 14-15
photo Robert Kezière : p. 9
photo Peter Mailler,
Blain|Southern, Londres : p. 38-39
photo Roman Mensing : p. 12-13

© 2014 Bill Viola : p. 6-45
textes de Bill Viola

Dépôt légal : février 2014
ISBN : 978-2-7118-6167-5
EA 10 6167

Réunion des musées nationaux – Grand Palais

Directeur des éditions
Henri Bovet

Directrice adjointe des éditions
Marie-Dominique de Teneuille

Chef du département du livre
Clotilde La Batide-Alanore

Responsable d'édition
Véronique Leleu

Relectrice pour le français
Monique Laniesse

**Traduction
du français vers l'anglais**
David Radzinowicz
Bernard Wooding

**Traduction
de l'anglais vers le français**
Jean-François Allain

Iconographe
Élise Vanhaecke

Directrice artistique
Caroline Chambeau

Graphiste
Romain Hisquin

Responsable de fabrication
Philippe Gournay

Les illustrations ont été gravées par IGS, L'Isle-d'Espagnac
Photo engraving by IGS, L'Isle-d'Espagnac.

Cet ouvrage a été achevé d'imprimer en février 2014
sur les presses de l'imprimerie Ingoprint, Barcelone.
Printed by Ingoprint, Barcelona.